大阪市解体 それでいいのですか？

―大阪都構想 批判と対案―

冨田宏治・森 裕之・梶 哲教・中山 徹・
大阪自治体問題研究所＝編

自治体研究社

はじめに

橋下市長は、街頭演説で「自動車を買う時に、エンジンまで調べて買いますか？　都構想も市民は中身まで知らんでもいい」と言いました。これほど市民をバカにした話はありません。ただ、「都構想は二重行政の無駄を省き、大阪経済を活性化する」と、デタラメな資料を使って煽っていけば、大阪市民は賛成すると思っているのです。

都構想でどうなるか、何をもたらすか、今誰にもわからないのです。わかっているのは、大阪市がバラバラ・ぐちゃぐちゃになることです。最近、橋下市長は市職員に「都構想のことは喋るな！」と言わんばかりのかん口令を敷いていると聞きます。だから、私たちは自分で調べます、聞きます、勉強します。「学校はどうなるの」「保育所はどうなるの」「病院はどうするの」「ごみは？」「戸籍は、住所は」など身近な問題を出し合い、中味の問題を掘り起こしていきます。

保健所・公衆衛生がどうなるのか。気になるので市役所に聞いてみました。

「保健所はどうするのですか？」

「協定書に書いてあります。大阪市の区域に設置されることになる特別区は、法律又はこれに基づく政令により特別区が処理することとされる事務（現に東京都の特別区が法律又はこれに基づく政令により処理することとされる事務に相当する事務）を処理することになる。と書いてあり、これがすべてです。保健所は、特別区に設置することになりますが、どこに設置するか、何をするかは、すべては住民投票の結果次第で、それ以降に考えることになります」との回答です。とは言っても、現在、大阪市の保健所は一つです。二四保健所を一保健所にして以降、公衆衛生業務職員が大幅に減っています。「それをさらに五分割するのですか?」と聞いても、現場ではなんともわからないのです。

例えば、この夏問題になった感染症。デング熱・エボラ出血熱など感染症対策は待ったなしです。昼間人口四〇〇万人の大阪市、分割したって昼間は四〇〇万人です。責任持てる衛生対策はまだ決まっていません。

ニュースが「大阪市長がバイオサイエンス研究所を廃止する」と伝えています。研究所の所長さんが「実績もあり、若い研究者が育つ環境がなくなり残念だ」と言われます。働いていた研究者は、一部は他所に、行くあてのない人は失業だと言います。ここだけではありません。研究という時間と人の英知の結晶である研究機関・研究職を平気でつぶしていく、これが橋下市長の傲慢なやり方です。地味な仕事ですが、行政機関の大事な仕事に「計測器の点検・監視」があります。健康面でも生活面でも、血圧計が正しいか、秤が正しいかは、すべての判断の始まりです。今この業務まで民間委託しようとしています。

維新政治の悪政は、私たちの身近なところにもじわじわと迫っています。

橋下徹氏が市長になってたった三年余りです。

しかし、大阪市制の歴史は約一三七年と長いのです。

始まりは明治一一年（一八七八年）七月二二日の郡区町村編成法によります。この中で、東京・

大阪・京都の三都が「勅令指定都市」に指定され、大阪市内には東区・南区・西区・北区の四区をおき、行政の眼が行き届く工夫がなされました。その後、一八八九年四月一日には市政が施行され、三市は特例市になりました。一〇年後の一九〇八年には名古屋市が、一九二二年には神戸市と横浜市が追加されました。戦時下の一九四三年七月一日に、首都の統治機構を強化するために東京市が廃止され、日本は五大都市になりました。

そうして現在、政令指定都市は全国で二〇市になり、その推定人口は約二七〇〇万人、国民の五人に一人が政令市に住んでいることになります。中でも最大規模を誇っているのが大阪市です。この歴史を見ていると面白いことがわかりました。一九四七年に国が、この大都市を府や県から独立した制度にしようとしましたが、「権限が奪われる!」と府県の猛反対にあい、権限の一部を府県から移す制度として政令市を設けた、とあったことです。

そうか〜、橋下・都構想は、大阪市からその権限を大阪府に取り戻す作業なんだ……と。もちろん彼が、そこまで深く考えての上ではないと思いますが。

子どもの時に聞かされてきた大阪市の町衆の誇る「食」「仕事」「文化」が、市制という歴史を動かしてきたと思います。船場の商人《あきんど》は、自らお金を出し合って地域に「小学校」を建てました。「のれん分け」という形でチェーン店方式を築きました。瀬戸内の海の幸をふんだんに使った薄味食文化は和食の極です。そして、「文楽」も町衆が育ててきました。幼い記憶では、路地裏にも太三味線が響いていました。人間国宝が演じる文楽は、市長の裁量で改廃できる軽いものではありません。

電力も、全国に先駆け大阪市が供給してきました。道頓堀に明りを灯けた「大阪電灯」がそれです。今、威張っている関西電力は「関西配電」、配電屋さんだったのです。

水道事業もごみ処理事業も市営地下鉄も、大阪の市民が、一生懸命働いて生み出してきた優れた都市政策です。この大阪市が消滅させられるのです。二六〇万市民が悪いことをしたわけではありません。次世代に何と伝えるのでしょう。「だまされた！」ではすみません。

そこで、改めて、政令市のできる仕事と特別区（東京都区）の仕事を比較してみました。政令市の仕事は、一般的な都道府県事務の持つ「警察」「小中学校教員の定数・給与」「流域下水道」以外はしなければなりません。高校・大学、幹線道路、小中学校教員の任命から、児童相談所の設置まで。大阪市には市立の高校があります。大学もあります。これは、橋下市長の言う「二重行政」ではなく、大都市がしなければならない仕事なのです。こう見ると橋下・維新政治のペテンぶりがよくわかります。二重行政のむだをはぶくといって、大阪市をつぶして小さな特別区にして、大阪市の持っている権限や財源を大阪府に奪っていき、奪ったお金で、失敗がはっきりしている大阪湾岸開発「カジノ・博打」につぎ込んでいこうとしています。

橋下市長が、なぜここまで「都構想に固執するのか」は第1章で、「特別区設置協定書」の問題は第2章で、議論経過の非民主性は第3章で見ます。そして第4章では、カジノや大型公共事業とは違った大阪経済の再生方向を述べ、第5章では、市民の皆さんに最終決戦・住民投票に向けて呼びかけます。本書は大阪自治体問題研究所の英知の結晶です。

大阪市民の皆さん。私たちは色々問題はあったとはいえ「政令・大阪市」に育まれてきました。失ってから気がついては遅いのです。先ずは、都構想に反対し、そこからゆっくり考えましょう。一三七年の時間をかけてここまで来た大阪市ですから。

『大阪市解体　それでいいのですか？――大阪都構想　批判と対案』目次

第1章　維新政治と大阪都構想

1　大阪都構想をめぐる事態の急変

公明党の不可解な方針転換

昨年末の衆議院議員総選挙終了直後から、もはや完全に行き詰まってしまったかに見えた大阪都構想をめぐる事態が急変し、この五月にも特別区設置への賛否を問う住民投票が実施される恐れが出てきています。これは言うまでもなく、公明党の、昨年一〇月に府・市両議会で否決された協定書の内容には引き続き反対ではあるものの「住民投票まで行こうということについては了解して進めていこう」という、なんとも不可解な方針転換によってもたらされたものです。

公明党側は、衆議院議員総選挙の結果、橋下市長の率いる維新の党が大阪府下の比例区で一一四万票（得票率三二・三％）を獲得して首位となり、一定の民意が示されたことを理由に挙げていますが、いかにも取ってつけたような感は拭えません。それを言うなら、維新の党が大阪府下の一六選挙区で、前回の一二議席から五議席に激減したことも問題にすべきでしょう。

周知のとおり公明党は、昨年一月末の大阪府と大阪市を代表する委員による府市特別区設置協議会（いわゆる法定協議会）における「区割り案絞り込みの提案」の否決以来、自民、民主系、共産の各会派と共同して、維新の会による都構想の強行に反対する姿勢を強めてきました。しかし、衆議院議員総選挙を機に突然方針を転換し、都構想の是非を問う住民投票の実施までは維新の会に協力することにしたというのです。しかも、方針転換後の記者会見で、公明党大阪市議団幹事長が明らかにしたように、この転換は「党本部から橋下徹市長との対立を解消すべきだと促された」ことによるものであり、当然のことながら、市議団や府議団の間には、経過説明のための臨時会合で「怒号が飛び交う」ほどの強い反発があったとも報じられています。こうした反発を押し切るかたちで党本部の上からの指導の下、まるで卓袱台返しのような方針転換が行われ、風前の灯火となっていた大阪都構想がにわかに息を吹き返したという訳です。

公明党本部からの鶴の一声で

昨年一〇月の大阪府市両議会での大阪都構想に関わる協定書議案の否決は、本書第3章で詳しく述べられるような法定協議会からの非維新系議員の排除をはじめ、維新の会による非民主的で強権的な政治手法への反発からだけではなく、本書第2章で論じられるような協定書の内容自体のデタラメさを解明しつつ進められてきた府民・市民の代表たる府議会と市議会、そして法定協議会の熟議の結果に他なりません。それは決して中身のない党利党略の駆け引きの結果などではなく、府民・

市民に責任を負う府市両議会の誠実な審議の結論だったはずです。それが公明党中央からの鶴の一声で覆されたのだとしたら、まさに市民・府民不在の暴挙だというしかありません。

なぜこのような暴挙が行われたのか。それも衆議院議員総選挙を機に、公明党中央主導で。そのあたりの事情を検討することから、大阪都構想の政治的な本質に迫っていくことにしましょう。そこから解ってくることは、大阪都構想が本書第2章で論じられるように、長い歴史を持った大阪市という自治体を消滅させて大阪府の下にある五つの従属団体へと分割し、その結果、大阪市民の暮らしに多大な影響をもたらすものであるにも関わらず、実のところ橋下徹というひとりの野心的政治家が国政に華々しく進出するための単なる踏み台に過ぎないのだということ、そして、「戦争する国づくり」と9条改憲という自らの政治的野望の実現のために橋下氏の影響力を取り込もうと画策する安倍首相と首相官邸の政治的駆け引きの具に過ぎないのだということです。

果たしてこのようなもののために、大阪市を消滅させてしまって良いのでしょうか。住民投票によって大阪都構想の是非を問われることとなるかもしれない大阪市民にとって、その設計図とされる協定書のデタラメな内容のみならず、大阪都構想なるもののこうした政治的本質を理解することは、極めて重要な判断材料となるはずだと思います。住民投票に付されることになるであろう協定書の策定過程と内容に関わる問題点の解明に先立って、本章が論じようとするのはこうした問題です。

橋下氏自身が「刺客」として

衆議院の年内解散が現実味を帯び始めた一一月一二日、橋下市長は「公明にやられたまま人生は終われない」と豪語して、橋下氏自らが佐藤茂樹公明党大阪府本部代表の立つ大阪3区から、松井一郎府知事が北側一雄公明党副代表の立つ大阪16区から出馬する構えを見せました。

二〇〇五年、郵政民営化法案が参議院で否決されるや、突如衆議院を解散し、「抵抗勢力」と目された議員の選挙区に「刺客」を送り込んだ小泉純一郎首相の「郵政選挙」を彷彿とさせるやり方です。まさに橋下氏自身が市長の椅子を投げうって、大阪都構想に抵抗する公明党幹部に対する「刺客」となろうという訳です。本章の後半で述べるように、橋下市長の主導する維新政治は、政策面においても、政治手法においても、小泉首相のそれをモデルにしているかのように瓜二つです。

公明、自民、民主系、共産の府議会・市議会の四会派の共同によって、もはや大阪都構想の命脈が尽きようとしていた時、思わず巡ってきた衆議院解散総選挙というチャンスに、橋下氏が打って出た政治的な大博打だったというべきでしょう。

大阪都構想の頓挫を受けての「市政・府政の投げ出し」という批判は受けようとも、「小泉劇場」の再来の如き「風」を吹かせ、自らだけではなく維新の党全体の雪崩的勝利を呼び込むことができれば、起死回生の劇的勝利で、中央政界への華々しい進出を飾ることができると踏んだのでしょう。さもなくば、自らを「刺客」に立てるぞと恫喝するだけで、怯えた公明党が大阪都構想に再協力へと方針転換するだろうとのしたたかな計算がはじめからあったのかもしれません。もしも公明党が引かず、期待した「風」も吹かずに一敗地にまみれたとしても、もともと大阪都構想の命運は尽きかけていたのであって、もはや失うものは何も無かったともいえるでしょう。

しかしそれにしても、ここで注意しておくべきことは、橋下氏も松井氏も、頓挫しようとしていた大阪都構想を投げ出して国政を目指すという道を選択肢の中に明確に加えていたということです。大阪都構想こそが維新の会の「一丁目一番地」と繰り返すわりには、それはあまりに軽々しい扱いだとはいえないでしょうか。橋下氏にとって、大阪都構想とは、何がなんでも実現すべき目的だったのでしょうか。それとも、他の目的を達成するための手段のひとつに過ぎなかったのでしょうか。この問いには改めて立ち返りましょう。

急転直下の不出馬表明

ところが一一月二一日にいよいよ衆議院が解散されると、橋下、松井の両氏は一転、衆院選への出馬断念を表明したのです。一一月二三日、松井府知事の後援会総会で、橋下市長は「今回の衆院選には出馬しない。都構想を必ず実現する」と不出馬を表明。松井氏も「僕も橋下氏も国政に挑戦することはしない。全力で統一地方選を戦っていきたい」と語ったというのです。さらに、公明党の候補者が立つ大阪と兵庫の他の四選挙区にも維新の党として候補を擁立しないことも明らかになりました。

「公明にやられたまま人生は終われない」とまで豪語していたにも関わらず、急転直下の不出馬表明に様々な観測が飛び交いました。維新の党の共同代表である江田憲司氏ら国会議員団が橋下氏らの国政進出を強く希望したにも関わらず、大阪維新の会の府議団、市議団が強く反発したからだとか、府知事や市長の後継者の調整がつかなかったからだとか、いや何よりも、大阪都構想が頓挫しかかっている中で府政、市政を投げ出して逃げるのかという批判が予想以上に強かったからだとか。橋下氏自身は不出馬表明後の街頭演説で、「新聞には維新の議員が反対したとか、世間から（市長職）投げ出しだと批判を受けるから諦めたと書いてあるが、世間からの批判や反発はいっさい気にしていない」「今回の判断こそが大阪のためになる」と開き直りとも聞こえる釈明をしたと報じられています。

もっとも、この時点から公明党中央との間に、都構想へ方針転換の「密約」ができたのではないかとの憶測も囁かれ始めていました。ことは「密約」ですから、もちろん真偽のほどはわかりませんが、公明党が橋下氏の恫喝にひどく怯えていたことは間違いないようですし、衆院選総選挙後の急展開を考えれば、この疑いを捨て切ることもできません。

公明党の事情

公明党が大阪3区と16区に自らと松井氏を「刺客」に立てるという橋下氏の恫喝にひどく怯えていたことは間違いないでしょう。一部報道では、公明党市議団から反維新で共同を強めていた共産党市議団に対して、内々に3区と16区で共産党の候補者を降ろすことはできないかという打診があったとも伝えられています。公明党の慌てぶりが窺われます。

公明党が橋下氏の恫喝に怯えたのにはそれ相応の理由があります。「常勝関西」と称され、絶対的な強さを誇った関西、とりわけ大阪の公明党ですが、二〇〇九年の総選挙で民主党に全敗を喫したことに明らかなように、いわゆる「風」が吹く選挙に弱いことは否定できないからです。創価学会という磐石ともいえる組織的支持基盤に支えられた公明党ですが、その分、小泉元首相や小沢一郎氏、そして、橋下氏が仕掛けるようなポピュリズム的「劇場政治」には太刀打ちできないという弱点を持っているのです。公明党が橋下氏の恫喝に必要以上の恐れを抱いたとしても不思議ではありません。

しかし、それだけではありません。それ以上に重要なのは、磐石な支持基盤であったはずの創価学会と公明党との関係に、この間、重大な軋みが生じているのです。その原因が、「戦争する国づくり」という野望に燃える安倍首相の与党として、昨年七月一日に強行された集団的自衛権行使容認の閣議決定に参画するなど、安倍政権の暴走に加担してきたことにあるのはいうまでもありません。これまで公明党は曲がりなりにも、「平和の党」を標榜してきました。公明党を支えてきた創価学会員は、この看板を信じてきたのです。安倍政権の「戦争する国づくり」への加担が、こうした創価学会員への重大な裏切りであることは否定しようがありません。創価学会員の間に不審や不満が広がり、さしもの磐石な支持基盤に動揺が広がっていることは、火を見るよりも明らかです。

昨年七月一日に集団的自衛権行使容認の閣議決定を強行しながら、関連法案の審議が今年の春に予定されている統一地方選後にまで持ち越されているのも、このままでは統一地方選が戦えないという公明党の事情に配慮したものだといわれています。

ただでさえ「風」に弱い公明党が、磐石な支持基盤であるはずの創価学会との関係に生じた軋みを抱え、橋下氏の恫喝に必要以上の恐れを抱いたのも無理はなかったのです。いずれにせよ、橋下氏と松井氏の不出馬表明に、公明党が胸をなでおろしたのは間違いありません。その段階で、「密約」があったのかなかったのかは不明ですが、少なくとも橋下氏一流の恫喝が、総選挙後の公明党中央主導による突然の方針転換の伏線であったことだけは疑いないでしょう。

しかし昨年一〇月以来、大阪都構想に反対し、維新の会との対決姿勢を強めてきた公明党が、急転直下の方針転換をしたこともまた、創価学会員への裏切りと受け止められても仕方がありません。公明党の方針転換と大阪都構想の復活には、より大きな要因がありそうです。それは、衆議院議員総選挙の結果を受けた安倍首相と首相官邸の思惑です。

2　橋下市長と安倍首相の政治的取り引き

安倍首相と首相官邸の思惑

一月一四日、関西のテレビ番組に出演した安倍晋三首相は大阪都構想について、「二重行政をなくし住民自治を拡大していく意義はある。住民投票で賛成多数となれば必要な手続きを粛々と行いたい」と述べるとともに、「維新が憲法改正に積極的に取り組んでいることに敬意を表したい。維新や他党にも賛成してもらえれば、ありがたい」と語りました。自民党の大阪市議団、府議団が都構想反対で維新との対決姿勢を強める中、自民党総裁でもある安倍首相が、彼らの頭越しに橋下氏と維新の会にエールを送るというのは、きわめて異例のことだといわなければなりません。しかも、あたかも交換条件のように、自らの野望である改憲への協力を求めるという形で語られたということにも注目せざるを得ません。

これを受けた橋下市長は一五日の記者会見で、「大変ありがたい。うれしくてしょうがない」と手放しで喜ぶとともに、改憲に関しても、「憲法改正は絶対に必要だ。安倍首相にしかできない。できることは何でもしたい」と全面協力の姿勢を明らかにしたのです。

いったいこのような光景をどのように理解したらよいのでしょうか。9条改憲と「戦争する国づくり」という安倍首相の野望実現への橋下氏の全面協力と、大阪都構想への安倍首相の賛同とが、大阪市民・府民どころかその代表である自民党の市議団・府議団すら預かり知らぬところで、公然と取り引きされたということです。ことは大阪市が消滅するかどうかの問題です。大阪都構想が、大阪市民そっちのけで、安倍首相と橋下市長との間での政治的取り引きの具にされては迷惑千万としかいいようがありません。

実は、昨年末の公明党の突然の方針転換の裏にも、安倍首相と首相官邸、具体的には菅義偉官房長官の暗躍があったのではないかとの観測はきわめて根強く語られつづけています。先のテレビ番組でも、この点を問われた安倍首相は、「全くない」と強く否定していますが、火のないところに煙は立たずです。菅官房長官と松井大阪府知事との間には、かねてより太いパイプがあったともいわれています。松井氏が菅官房長官に泣きつき、菅官房長官が公明党中央を説得するか、あるいはなんらかの圧力をかけて、都構想反対の方針を転換するように迫ったのではないか。そのような観測が新聞紙上においても報じられてきました。

真偽のほどはわかりませんが、そう疑われても仕方がないような光景が、安倍首相と橋下市長との間で繰り広げられたことは間違いありません。9条改憲への協力と大阪都構想への賛同が、大阪市民・府民の頭越しに取り引きされる。こうした事態はどうして生み出されたのでしょうか。

衆議院議員総選挙の結果

昨年一二月一四日の衆議院議員総選挙の結果は、安倍政権の与党である自民党と公明党が全議席の三分の二を超える三二六議席を獲得し、安倍首相の大勝に終わったとされています。しかし実のところ、この選挙の結果は9条改憲と「戦争する国づくり」の野望に燃える安倍首相にとって、甚だしく面白くないものだったようです。

確かに自民党と公明党を合わせれば、改選前の三二六議席と同数の議席を確保したのですが、その内訳を見れば、自民党は改選前の二九五議席から四つ減らしての二九一議席、公明党が改選前の三一議席から四つ増やしての三五議席です。つまり、与党の中で明らかに公明党の比重が高まった訳です。開票当日、日本テレビの選挙特番出演終了後の現場で、「三〇〇に届かないじゃないか。話が違ってるのはどういうことだ」という安倍首相の怒号が響き渡ったとも報じられていますが、新聞各紙の事前予測では「自民単独で三〇〇議席を確保か」という記事が躍っていただけに、二九一議席という数字は首相にとって相当ショックなものだったのかも知れません。

ただ安倍首相にとってより深刻なのは、先にも触れたように「平和の党」の看板を信じる創価学会員との軋轢を抱える公明党の比重が、与党の中で大きくなったということに他なりません。政権与党とはいえ、９条改憲と「戦争する国づくり」に腰の重い公明党が、自らの野望実現への足枷となる恐れが大きくなった訳ですから。

総選挙の結果が安倍首相にとって面白くなかった二つ目の理由は、「自民党の右側に確固たる軸を作る」とのスローガンのもと９条改憲を明確に掲げて、日本維新の会から分党した石原慎太郎、平沼赳夫氏らの次世代の党が、改選前の一九議席から二議席（選挙後に一名が離党し、現在は一議席）へと、まさに壊滅してしまったことでした。いわゆるネット右翼＝ネトウヨと呼ばれる人々が数百万の単位でいると想定していたとされる次世代の党ですが、実際に比例区での得票は一四〇万余りに止まり、無惨な姿を曝すこととなったのです。

９条改憲に腰の重い公明党に代わる改憲パートナーとして、次世代の党に少なからぬ期待を寄せていたかに思われる安倍首相にとって、その壊滅は深刻な誤算だったに違いありません。

あわせて第三の理由として、安倍首相の野望実現に最も頑固に立ち塞がるであろう共産党が、比例区での得票で三六九万票から六〇六万票、議席数で八議席から二一議席へと躍進を果たしたこと、沖縄の四つの選挙区全てで辺野古基地建設に反対する「オール沖縄」の候補が勝利したことも忘れてはならないでしょう。

次世代の党の壊滅と安倍首相の苛立ち

次世代の党の壊滅は、9条改憲と「戦争する国づくり」に野望を燃やす安倍首相を苛立たせたはずです。すでに述べたように、与党の中で比重を高めた公明党は、その支持基盤である創価学会、とりわけ「平和の党」の看板をあくまでも信じる末端の学会員との軋轢を抱え、集団的自衛権行使容認の閣議決定を具体化するための関連法の整備にも、さらにその先にある9条改憲にも腰が重くなりがちです。創価学会の中では、自民党との連立解消を求める正木正明理事長派とあくまでも連立に固執する谷川桂樹副会長派との深刻な対立が燻っているとも囁かれています。公明党と創価学会が安倍政権の暴走にどこまでついていくことができるのか、安倍首相には不安が尽きないところでしょう。

しかし安倍自民党にとって、公明党はもはや決して切り捨てることのできない存在です。それは、昨年末の衆議院議員総選挙の得票結果を見ても明らかです。自民党の比例区での得票数は一七六六万票、選挙区でのそれは二五四六万票です。その差は七八〇万票ですが、その数字は公明党が比例区で獲得した七三一万票とほとんど一致します。つまりいまや自民党は、公明党・創価学会の協力なしでは選挙区で勝ち抜くことができないのです。

安倍首相として見れば、次世代の党という改憲パートナーとの連携をちらつかせながら、連立解消を恐れる公明党・創価学会と駆け引きをし、改憲への協力という妥協を引き出すしかなかった訳です。いわば「両天秤」戦術ということです。しかし次世代の党の壊滅によって、この「両天秤」は不可能となりました。

そこで当然のこととして、次世代の党に代わって「両天秤」にかけるべき改憲パートナーが必要となるのです。それが橋下氏と江田憲司氏が共同代表として率いる維新の党であることは言うを待ちません。しかし維新の党を改憲パートナーとするには一筋縄ではいかない問題があるのです。

維新の党は次世代の党の代わりになるか

維新の党は、昨年九月、次世代の党と分党した橋下氏率いる日本維新の会と、みんなの党から割って出る形で結党され、江田憲司氏が率いる結いの党とが合流したものです。日本維新の会と維新の党ということで、党名は継承されているものの、次世代の党へと別れたメンバーを含んでいたかつての日本維新の会と、結いの党と合流した現在の維新の党とでは、その性格はかなり異なるといって良いでしょう。

そもそも日本維新の会と次世代の党の分党は、結いの党は「護憲政党であり手を組めない」と強固に反対する石原慎太郎共同代表と、結いの党との合流を急いだ橋下共同代表との深刻な対立が招いたものだったのです。江田氏の率いる結いの党は、「戦後、日本国憲法が果たしてきた役割を正当に評価する」とともに「決して戦争への道は歩まない」として9条改憲に消極的でした。石原氏ら次世代の党を切り捨てた日本維新の会と結いの党との合流によって結党された維新の党も、その「基本政策」では、首相公選制の導入などでの憲法改定は掲げるものの、9条改憲には踏みこんでいません。要するに橋下氏と江田氏は、9条改憲をめぐる立場の違いを「棚上げ」にして、維新の党を結党したのです。

こうした維新の党が、安倍首相にとって、単純に次世代の党の代わりになるとは思えません。橋下氏と江田氏という二人の共同代表のうち、9条改憲に積極的な橋下氏の影響力を強め、維新の党を改憲パートナーに変えていかなければ、次世代の党の代わりにはならないのです。

ところが当の橋下氏は、昨年一二月二四日、つまり公明党の方針転換の直前に、「大阪に専念したい」として共同代表を辞任して、「最高顧問」に祭り上げられてしまいました。江田氏の主導のもと、維新の党は安倍政権への対決姿勢をますます強めようとしているのです。

安倍首相がおもむろに大阪都構想に賛同を表明し、それに応ずるように橋下市長が「憲法改正は絶対に必要だ。安倍首相にしかできない。できることは何でもしたい」と改憲への全面協力を表明するという政治的取り引きは、こうした状況のもとで行われたのです。安倍首相としては、壊滅してしまった次世代の党に代わる改憲パートナーを作り出すために、橋下氏を支援し、その影響力を強めることで維新の党を9条改憲の側に立たせたいということです。

そして橋下氏の影響力を決定的に強めるためには、公明党市議団・府議団に方針転換を迫り、命脈の尽きつつある大阪都構想を救い出し、橋下市長に花を持たせる必要があったのです。もし巷間言われるように、菅官房長官が公明党中央と創価学会を動かしたとすれば、その狙いはここにこそあったのだといえるでしょう。

しかし何度も繰り返すように、ことは大阪市を消滅させるかどうかの問題です。大阪市民のことはそっちのけで、９条改憲と「戦争する国づくり」という野望の実現のためだけに、安倍首相と首相官邸が公明党中央に方針転換を迫ったとすれば、それは大阪市民を愚弄する以外の何ものでもありません。大阪市民はもっと怒りを感ずるべきなのではないのでしょうか。

3　維新政治にとって大阪都構想とは何だったのか

国政進出の手段としての大阪都構想

橋下市長と維新の会は口を開けば、大阪都構想は二重行政を解消し、無駄遣いを減らして、大阪市民のためになると繰り返します。しかし本書の第2章以下で明らかにされるように、その設計図だとされる協定書案はデタラメとしか言えない内容であり、またそれを取りまとめた手続きもきわめて非民主的で強権的なものでした。橋下市長と維新の会は、どうしてこのような大阪市民のためにもならない構想を誰が見ても非民主的で異常な手法を用いてまで強行したいのでしょうか。

そのくせ橋下氏は、自民、公明、民主系、共産の市議会・府議会四会派の共同によって、大阪都構想の命脈が尽きたと見るや、市長職を投げ出して国政に進出する構えを見せたのです。小泉元首相の「郵政選挙」に倣うかのように、自らを「刺客」として公明党幹部の選挙区に打って出る。公明党への恫喝だったとしても、それは橋下氏の都構想実現への本気度を大いに疑わせるに足る行動でした。

大阪都構想こそ維新政治の「一丁目一番地」といいながら、状況が悪くなればさっさと捨てようとする、そして安倍首相との政治的取り引きの具ともする。いったい橋下氏にとって、大阪都構想とは目的なのでしょうか、それとも国政への進出という自らの野心を果たすための手段に過ぎないのでしょうか。後者だとすれば、これほど大阪市民を愚弄した話はありません。

しかし残念ながら、もはや後者であることは疑うべくもありません。昨年一一月の急転直下の衆院選不出馬表明にしても、「今回の衆院選には出馬しない」と次回以降の出馬に含みを持たせているのです。そもそも大阪府知事や大阪市長でありながら、日本維新の会や維新の党という全国政党を結党し、その代表や共同代表として自ら党首の座についてきたことからして、橋下氏の国政進出への野心は隠せるものではありません。一月半ばの安倍首相とのエールの交換、大阪都構想への賛同と9条改憲への全面協力との取り引きも、大阪市長としてである以上に、維新の党という全国政党の前共同代表・最高顧問としての行動です。

大阪都構想への賛否を問う住民投票を迫られようとしている大阪市民が、いまこそ心にとめなければならないのは、そもそも大阪都構想とは、橋下徹という野心的政治家が「改革者」としての華々しい経歴を引っさげて国政の舞台に進出するための一手段に過ぎないのだということでしょう。そんなことのために、大阪市を消滅させてしまって良いのでしょうか。大阪都構想をめぐる問題の政治的本質はここにこそあるのです。

小泉型ポピュリズムの二番煎じ

橋下氏の展開する維新政治は、二〇〇一年から二〇〇六年にかけての五年半にわたって一世を風靡し、「小泉劇場」とも呼ばれた、小泉純一郎首相による「日本型ポピュリズム」の二番煎じに過ぎません。「郵政民営化」は小泉「構造改革」の「一丁目一番地」といわれましたが、橋下氏にとっての大阪都構想は、小泉元首相にとっての郵政改革に相当するものです。

稀代のポピュリストともいうべき小泉元首相が展開した政治の特徴は次のようなものでした。①一九九〇年代初めのバブル経済崩壊以来、低迷する経済と「失われた一〇年」と呼ばれた政治の無為無策に対して高まっていた国民大衆の不安と不満を激しい言葉で煽り立て、②「官から民へ」「改革なくして成長なし」「自民党をぶっつぶす」というように、複雑な問題を単純化して「マル」か「バツ」かの二者択一を迫るワンフレーズ・ポリティックスを振りかざし、③「抵抗勢力」と呼ばれたスケープゴートを設定して、これを激しく叩くことで喝采を集め、④「構造改革」がもたらした厳しい競争や格差と貧困に晒されて、熟慮や熟議を待つ余裕を失った国民大衆の『白紙委任』を取り付ける、といったものです。

小泉元首相は、自らの「構造改革」のシンボルとして「郵政民営化」を掲げましたが、二〇〇五年に参議院で郵政改革法案が否決されるや、突如衆議院を解散して「郵政選挙」に打って出て、「抵抗勢力」の選挙区に「刺客」を立てるといった劇場政治を演出し、地滑り的大勝を勝ち取ったのです。

小泉「構造改革」は結局のところ急激な格差と貧困の拡大をもたらしたに過ぎないということが誰の目にも明らかになると、今度は二〇〇九年の衆議院議員総選挙で、小沢一郎氏率いる民主党が「国民の生活が第一」というスローガンを掲げたカウンター・ポピュリズムを仕掛け、劇的な政権交代を実現したことも記憶に新しいところです。

橋下氏が大阪府知事選に打って出た二〇〇八年は、いまだ日本の政界にポピュリズムの「風」が吹き荒れている時でした。橋下氏の政治的主張は、「官から民へ」を基調とする新自由主義的＝市場万能主義的なものである点でも、排外的なナショナリズムや歴史修正主義の立場に立つ点でも、小泉元首相のそれの焼き直しでしかありませんが、その政治手法においても小泉元首相と瓜二つといって良いものでした。

小泉氏のスケープゴートが「抵抗勢力」だったのに対し、橋下氏の下では公務員労組がスケープゴートに選ばれました。そして、小泉元首相の「郵政民営化」にあたるものが、大阪都構想という「改革」のシンボルに他ならなかったのです。

維新の会と大阪都構想

橋下氏が大阪都構想という「改革」のシンボルを掲げ始めたのは、大阪維新の会という地域政党を立ち上げた二〇一〇年の春以降のことです。小泉元首相の「郵政民営化」に相当する改革のシンボルを手にした橋下氏は、小泉流の劇場政治を本格的に展開し始めます。二〇一一年四月の統一地方選を「大阪春の陣」と称して戦って、大阪府議会で単独過半数、大阪市議会、堺市議会で第一党の地位を確保しただけでなく、同年一一月、「大阪秋の陣」と称した大阪府知事、大阪市長のダブル選挙にも圧勝して、大阪市長に転身したのです。まさに「小泉劇場」ならぬ「橋下劇場」の到来でした。この勢いに乗って、橋下氏の国政進出の野望を果たすべく二〇一二年一〇月に結党されたのが、全国政党としての日本維新の会だったわけです。

時は、小沢一郎氏のカウンター・ポピュリズムによって成立した民主党政権が、小沢氏、鳩山由紀夫氏の政治資金疑惑、政権公約への次から次への裏切り、東日本大震災と東京電力福島第一原発の過酷事故への対応のまずさによって、崩壊の危機に陥っていました。

橋下氏が小泉氏、小沢氏につづくポピュリスト的政治家として、国政に華々しく進出するチャンスがめぐってこようとしていたかに見えました。しかし橋下氏の国政進出のためには、大阪都構想という「改革」のシンボルを何としても実現し、「改革」を現に断行した実行力あるリーダーという華やかな経歴がどうしても必要だったのです。民主党の実行力のなさを目の当たりにした国民は、もはや口先だけのポピュリスト的政治には簡単には期待を寄せなくなっていたからです。現にアベノミクスを掲げて登場した安倍首相の率いる自民党が、衆議院議員総選挙の比例区で獲得した得票は、小泉自民党が二〇〇五年の「郵政選挙」で獲得した二五八九万票、小沢民主党が二〇〇九年に獲得した二九八四万票に対して、二〇一二年総選挙ではわずか一六六二万票、二〇一四年の総選挙でも一七六六万票に過ぎません。「日本型ポピュリズム」の時代は、もはや過ぎ去ろうとしていたのです。

二〇一三年九月の堺市長選挙で、大阪都構想に反旗を翻した竹山修身市長が保守から革新までの共同の力で再選されたあたりから、大阪都構想と維新の会の前に一転暗雲が立ち込め始めます。橋下市長が本書第3章で論じられるような非民主的で強権的な手法で協定書の取りまとめを図ったのも、こうした事態をなんとか打開して、一刻も早く「改革者」としての箔を身につけようとする焦りの表れだったと思われます。

そして、最終的に行き詰まりつつあった橋下氏を救ったのが、9条改憲と「戦争する国づくり」に野望を燃やす安倍首相とその意を受けた公明党中央だったというわけです。

橋下市長はなぜ住民投票にこだわるのか

昨年一月末の法定協議会において、公明党が反対にまわることで協定書案が否決されると、橋下氏は市長を辞職し、出直し市長選に打って出ました。この時橋下氏は、日本維新の会の党大会で「住民投票までは進ませてください、住民投票で否決をされたら僕も納得するけれども、住民投票のところまではやらせてください」とあいさつし、住民投票実施へのこだわりを露わにしました。また今回の公明党の方針転換も、協定書の内容には引き続き反対ではあるものの『住民投票まで行こうということについては了解して進めていこう」という不可解なものでした。

橋下市長は、どうしてこれほどまでに住民投票にこだわるのでしょうか。確かに大阪都構想実現のために制定された「大都市地域における特別区の設置に関する法律」では、特別区の設置の手続きとして、関係市町村の選挙人による投票（住民投票）に付し、有効投票総数の過半数の賛成を得ることが必要であると規定しています。

しかし橋下氏が住民投票にこだわるのは、それが複雑な問題を単純化して「マル」か「バツ」かの二者択一を迫り、熟慮や熟議を待つ余裕を失った人びとの「白紙委任」を取りつけるという自らのポピュリズム的政治手法にマッチするからでしょう。橋下氏にとって住民投票は、ポピュリズム的性格に満ちた自らの政治手法に相応しい、自分に有利な土俵だということです。

住民を代表する議会における熟議をこそ根幹とする議会制民主主義（間接民主主義）を補完する制度として、住民投票（直接民主主義）が持つ意義を否定することはできません。住民の直接請求に基づく議会の解散、議員の解職、首長の解職についての住民投票は住民の権利の正当な行使として重要な意義を持っていることはいうまでもありません。

しかし、大阪都構想とその制度設計がはらむ複雑な利害関係やテクニカルな諸問題については、熟議の府としての府議会・市議会、そして法定協議会での慎重な審議を尽くすことこそが、第一義的に重要なのです。住民投票はあくまでも、こうした熟議の結果に対する関係住民の最終的な意思確認の手続きでなければなりません。

橋下氏がこだわる住民投票は、これとはまったく異なります。法定協議会でも府議会でも市議会でも、その熟議の結果否決された協定書案を、出直し市長選というような茶番劇や、公明党の不可解な方針転換を引き出した政治的取り引きを通じて復活させ、住民投票に付すなどということは、最悪のポピュリズムなのであり、議会制民主主義を真っ向から否定するものだといわなければなりません。

橋下氏の推し進める維新政治とそのシンボルとしての大阪都構想の政治的本質は、こうした点に求められるのです。

4　急変した事態にどう挑むか

住民投票実施前に都構想を葬り去ろう

昨年末の公明党の不可解な方針転換を受けて、命脈の尽きかけていた大阪都構想はおもむろに息を吹き返し、五月一七日に予定される大阪市民による特別区設置の可否を問う住民投票の実施に向け動き出しました。年も押し迫った一二月三〇日に法定協議会が再開され、橋下市長によって、昨年一〇月に府・市両議会で否決された協定書案がそのまま再提案されました。年が明けた一月一三日の法定協議会では、再提案された協定書案に微修正が加えられただけで、維新・公明の賛成多数により協定書が決定されたのです。

決定された協定書は、大阪府と大阪市の二月議会に提案され、両議会での可決を経た後、五月に予定される住民投票に付されることとなります。公明党は、協定書の内容には引き続き「反対」だとしながらも、住民投票を実現するためには、両議会での採択では「賛成」すると全く理解不能な立場を表明しており、住民投票実施の可能性が高まっていると報じられています。

しかしまだ、大阪都構想を住民投票実施前に葬り去ることは可能です。大阪府・大阪市の両議会が熟議の府として、協定書自体のデタラメな内容と協定書決定までの非民主的で強権的な手続きを徹底的に明らかにし、内容には「反対」だが、採択では「賛成」などという、いい加減な態度が許されないような状況を作り出していくことです。

そのためには、大阪府民、大阪市民の間に①都構想をめぐるこの間の事態の急変が、全くもって府民不在、市民不在の政治的駆け引きによってもたらされたものであること、②協定書の決定手続きがきわめて非民主的・強権的で異常極まりないものであったこと、③協定書の内容自体もデタラメと言って良いほどのものであることを急いで知らせ、府議会・市議会を府民・市民の厳しい目で監視し、世論で包囲していくことが何よりも必要です。二月議会での採択後には、統一地方選挙が待っています。もし公明党が協定書の採択に賛成したら、大阪府議選、大阪市議選で手痛い審判を覚悟せざるを得ないような状況を作り出すことです。

そして、たとえ両議会で協定書が可決されたとしても、四月の府議選と市議選で、維新の会と公明党に厳しい審判を下すことができるならば、大阪都構想をめぐる状況は一転することになるはずです。大阪都構想を住民投票実施前に葬り去るチャンスはまだまだ十分に残されているのです。

住民投票ということになったら

二月議会と統一地方選挙（大阪府議選、大阪市議選）を通じて大阪都構想を葬り去ることができず、特別区設置を問う大阪市民の住民投票にもつれ込んでしまったらどうすれば良いでしょうか。いうまでもありません。都構想に反対する世論を結集して、反対多数で否決するのみです。

二月議会と統一地方選挙に向けて世論を高めていくことができていれば、決して困難なことではないはずです。橋下市長は一月七日、記者団の質問に対して、「四年も五年もエネルギーを割いて大量の人員といろんなお金も費やした中で民意に反していたということであれば、政治家として能力がなかったということだ」と述べ、住民投票で反対多数となって大阪都構想が頓挫した場合に政界から身を引く意向を明らかにしています。もちろん、これまでも平気で前言を翻して恬として恥じない橋下氏のことですから額面通りには受け止められません。しかし住民投票が大阪都構想のみではなく、橋下徹という野心的なポピュリストを政治的に葬り去る絶好のチャンスであることも間違いありません。

もちろん退路を断った橋下市長が、大阪都構想の実現とその成果を引っ提げた国政進出という野心を満たすために、なりふり構わぬ攻勢に打って出てくることは間違いありません。決して侮ることはできないと思います。協定書が府・市両議会で決定されれば、橋下市長は大阪市役所の組織とお金を駆使して、協定書の内容の広報活動を展開するはずです。大阪市主導のタウンミーティングもくまなく取り組まれることでしょう。こうした公的機関と公金を駆使した攻勢を跳ね除けるだけの取り組みが反対派には求められます。

先にも述べたように「大都市地域における特別区の設置に関する法律」に定められた住民投票は、橋下氏に有利な土俵です。投票成立のための投票率の要件もなく、白票は無効とされ、賛成票が反対票を一票でも上回れば大阪都構想は承認されてしまいます。大阪都構想のような複雑でテクニカルな内容を含んだ問題の賛否を問われ、「よく分からない」からという理由で棄権や白票が大量に出ることは橋下氏に有利に働きます。

断固とした反対票を組織し、投票所に足を運んでもらうことなしには、反対派の勝利は望めません。「風」頼みではない地を這うような組織戦、大阪市民一人ひとりを対象とした対面的対話の取り組みが必要となるでしょう。

橋下市長の推し進める維新政治と大阪都構想の反市民的本質を暴露する政治宣伝を圧倒的に強化するとともに、対面的な政治対話の取り組みを旺盛に展開して、都構想と維新政治に最後の止めを刺そうではありませんか。

第2章　「特別区設置協定書」の論理と内実

大阪府・大阪市特別区設置協議会（法定協議会）は『特別区設置協定書』を二〇一四年九月に提出しました。しかし、この協定書は内容的にも手続き的にも重大な問題をはらんでおり、大阪市を廃止・分割する「大阪都構想」を実現するだけの正当性をもつものではありません。にもかかわらず、二〇一五年五月に住民投票にかけるという政治的判断は議会の怠慢と責任放棄にほかなりません。

1　「大阪都構想」とは何か

橋下・維新の会が「大阪都構想」を声高に叫びはじめてから四年近くになります。橋下・維新の会は公務員・教員バッシングや（上からの）公共サービス削減を推し進めてきましたが、選挙での政治的争点はこの「大阪都構想」の一点にしぼられてきました。「大阪都構想」こそは、彼らのレゾン・デートル（存在根拠）にほかならないものです。

この間、橋下・維新の会は大阪の政治の中心にたえず存在し、その存在根拠を表向きには「大阪都構想」においてきました。にもかかわらず、いまだに多くの有権者に「大阪都構想」がいったい何なのかが理解されていないのではないかと思われます。正確にいえば、橋下・維新の会が「二重行政の廃止」や「One Osaka」などといったワンフレーズの連呼や公務員・議会バッシングに注力し、肝心の「大阪都構想」に関してはたえず詭弁を弄してきたことが、有権者による理解を妨げてきたのです。

それでは、あらためて「大阪都構想」とは何でしょうか。それは以下の四つの要素からなっており、上から重要なものの順序で並べていきたいと思います。

第一は、大阪市の「廃止」です。歴史的大都市である大阪市は、「大阪都構想」によって歴史上・地図上から完全に消滅してしまいます。

第二は、大阪市の「分割」です。現在一つの自治体である大阪市は五つにバラバラにされ、それぞれ別々の自治体になります。

第三は、大阪市の「従属団体化」です。現在は大阪府と対等な関係にある自立した大阪市は、五つの特別区にされることにより、権限的・財政的に大阪府の内部団体となり、その統制下におかれることになります。これは、いまの大阪市が大阪府の従属団体になりさがることを意味します。

第四は、大阪市民の「解散」です。大阪市民は大阪市という自治体があってこそ存在するアイデンティティです。その大阪市が五つの特別区になることによって、現在の大阪市民は別々の住民（区民）へ変わることになります。

それでは、橋下・維新の会は「大阪都構想」についてどのような説明をしてきたのでしょうか。二〇一一年一一月の大阪府・市ダブル首長選挙の際の法定ビラでは、「大阪市は潰しません」、「大阪市をバラバラにはしません」、「二四区、二四色の鮮やかな大阪市へ」という文言が掲げられました。彼らがどのような理屈をこねくりまわそうとも、これらは一般常識的感覚からすれば明らかな嘘です。東京都に東京市が存在しないと同様に、「大阪都構想」のもとでは大阪市はつぶれてなくなります。五つの特別区という別個の基礎的自治体を創設するのですから、大阪市は明らかにバラバラになります。現在の二四の行政区は再編されて五つの特別区に変貌させられるのですから、二四区の鮮やかな大阪市など橋下・維新の会がつくろうとしているはずはないのです。この類の嘘は、維新の会の候補者が敗れた二〇一三年九月の堺市長選挙においても繰り返されました。そのときの反維新サイドのスローガンは「堺はひとつ、堺をなくすな」でしたが、橋下・維新の会はこれに対しても「嘘つき」よばわりを平然と繰り返しました。

堺市長選挙をはじめとして、この間に「大阪都構想」の実相が徐々に住民の間に広がってきているとはいえますが、それが有権者の隅々にまで及んでいるとは思えません。さらには、大阪市を廃止・分割する「大阪都構想」の意味や重大性を住民が熟慮する余裕などこれまでなかったのではないでしょうか。選挙至上主義という橋下・維新の会に特異かつ危険な「民主主義」観が、本来の民主主義に特徴的な熟慮という営みを排除する役割を果たしてきたからです。そのような中で、歴史的大都市・大阪市を廃止・分割する「大阪都構想」を決める住民投票に突入してよいとは到底いえません。

2　野党会派は何を問題にしてきたのか

「大阪都構想」をめぐっては、橋下・維新の会を除くすべての野党会派が反対してきました。それはとくに法定協議会の場で議論されてきました。それでは、彼らは一体「大阪都構想」に対してどのような論点を提示していたのでしょうか。

自民党は、①二重行政の解消は現行制度でも可能である、②「大阪都」になっても、財源は生まれない、③特別区で住民サービスがどうなるのかが不明である、④法定協議会での議論が尽くされていない、⑤（大阪市の多くの業務が引き継がれる）一部事務組合は「ニア・イズ・ベター」に反する、⑥大阪市の解体で高度なサービスが低下する、⑦大阪市において徹底した「都市内分権」をはかるべき、という点を指摘してきました。この自民党による指摘は、「大阪都構想」の抱える根幹的な問題点を網羅したものだといえます。二重行政の解消については、二〇一四年五月の地方自治法改正によって設置が認められた「指定都市都道府県調整会議」によって制度的対応が可能となりました。大阪府と大阪市が「合併」しても、あらたな財源などは生まれません（これに対して橋下・維新の会は、「大阪都」が実現すればカジノなどによって経済成長するので財源が生まれるなどと主張していますが）。特別区になった場合の住民サービスについて橋下・維新の会は、「住民サービスは、全て維持されます」と言ったり、「住民サービスにいくら投入するかは、特別区民の意思をうけた特別区長と特別区議会が決める」と言ったりと曖昧にしています。一部事務組合は特別区が共同で設置する

「自治体」ですが、「大阪都構想」では異常な数の事務をこれに委ねようとしています。しかし、この一部事務組合は自治体のさらに上に乗っかる「屋上屋」であり、通常は過疎地域などで住民自治を犠牲にしても財政効率をはからなければならない自治体で設置されているものです。東京二三区でも五つしか一部事務組合は存在しませんが、大阪の特別区間では後にみるように膨大な数の一部事務組合がつくられようとしています。大阪市がなくなりバラバラになれば、高度な大都市行政の遂行は不可能となるでしょう。住民自治の拡充のためには「都市内分権」は正攻法であり、これについても地方自治法改正によって、政令指定都市の各行政区を「総合区」に格上げして予算編成や人事権の一部を持たせ、現行の区長を副市長などと同じ特別職としての「総合区長」にするという制度が創設されています。これによって、政令指定都市においても都市内分権を展開していける条件はすでに整っているのです。

次に民主党系の会派についてみてみましょう。彼らは「大阪都」になれば、①特別区は「地域のまちづくり」しか許されない、②特別区は財政調整に頼る不完全な自治体となる、③（大阪府と大阪市という）二つの強力なエンジンのうちの一つがなくなる、④広域行政の一元化で無駄がなくなる保証はない、⑤歴史・生活実態が区割り案に反映されていない、⑥経済効果はほとんど計上できない状態であり、しかもそれらは都構想による効果ではない（経済効果は副次的で論ずるべきではないという考えもある）、⑦巨大な一部事務組合は「バーチャル政令市」である、⑧財政の黒字化は土地売却益、地方債の活用、基金取り崩しなどによるものであり、数字の操作である、という点をあげてきました。自民党と異なる論点としては、特別区特有の財政調整制度の問題、「二重行政」解消によってかえって権限一元化にもとづく巨大開発などが生じる懸念、各行政区の人為的区割りのもつ問題、橋下・維新の会らが主張する「財政黒字化」の詭弁、などです。このうち、財政調整制度と「財政黒字化」については次項で論じることにします。

さらに日本共産党は、①二重行政の解消で四〇〇〇億円出すというのは絵空事である、②再編コストが嵩むために七区案はありえず、特別区の人口規模が大きくなりすぎる、③特別区によっては庁舎用に借りる民間オフィスビルが足りない、④税収の高い特別区からの財源移転は三七％にのぼり、独立した地方自治体とはいえない、⑤市民に身近な事業を一部事務組合が担うのは「ニア・イズ・ベター」に反する、といった点を指摘した。このうち③を除いての問題点の指摘は、自民党や民主党系と同じものだといえます（②についてはすでに五区案とすることが決定されています）。

公明党は法定協議会の場ではまとまった反論を展開していませんでしたが、幹事長の待場氏が二〇一四年一〇月二七日に議会の場で以下のような反対意見を述べました。①自治体の構造をいじったくらいで大阪経済が成長に転じるとは全く思えない、②基礎自治体中心の考えと矛盾する、③府と市のコップ内での財源・権限の整理であり、再編後の府の財政シミュレーションが全く示されていない、④政令市を放棄して五つの特別区にする意味がわからない（関西の大都市は京都市と神戸市だけになる）、⑤六四一八億円（二〇一三年度）の市税がわずか四分の一の区税に激減し、府に区は埋もれる依存した団体になる（まともな自立した基礎自治体ではない）、⑥市民サービスの低下を招くだけであり、中核市並みどころか、一般市以下の、自立性も魅力も無い、発展・競争性も発揮されない自治体が五つも誕生する、⑦人口七〇万人規模の特別区が含まれるなど、理念を捨て、コスト優先で、ニア・イズ・ベターは方便であった、⑧二重行政の解消により毎年四千億円からの財源を生み出すことは最低ライン（政治の約束）であったが、純粋な統合効果はわずか毎年一億円に過ぎない、⑨特別区設置によるコスト増は、庁舎改修費、新庁舎建設費で四九七億円、システム改修費一五〇億円、移転経費五億円、その他街区表示板、看板、広報、備品などで九億円、総計最大六八〇億円もの多額の経費がかかることが明らかになっており、マイナス効果しか見通せない、⑩百以上の一部事務組合の予算規模六四〇〇億円は、政令指定都市堺市の全会計にほぼ匹敵し、行き場のなくなった事務事業を押し込めるだけ押し込めて、巨大化した。

この公明党幹事長による「大阪都構想」への批判は具体的かつ包括的であり、他のどの野党会派よりも厳しいトーンとなっています。

以上の論点は、誰がみても制度の根幹にかかわる重要なものばかりでしょう。しかも、その大部分は区割り（＝五つの特別区化）という技術的な問題とは次元の異なる「大阪都構想」の根本的な問題点であり、これらの解決なしにいきなり区割り案をまとめるなどということは論理的にありえません。つまり、橋下・維新の会が言うように「野党会派は邪魔している」のではなく、「大阪都構想」の実現のために克服していかなければならない制度設計の重要な課題を各会派は法定協議会等の場で示してきたのです。

にもかかわらず、出直し市長選挙から維新の会による法定協議会の「占拠」によって、二〇一四年九月に法定協議会によって『特別区設置協定書』がとりまとめられ、いったんは議会で否決されたにもかかわらず、公明党の寝返りによって二〇一五年一月の法定協議会でほとんどそのままの内容で賛成多数となりました。これで大阪市の廃止・解体を推し進めようというのですから、まさに大阪では歴史的な政治的愚行が進行していると断じてよいでしょう。

3 「大阪都構想」批判

それでは、これまでにまとめられてきた「大阪都構想」の中身についてはどのように評価できるでしょうか。ここでは、大阪市をバラバラの特別区にしたときに最も問題を生じさせると想定される財政調整制度および一部事務組合について論じます。また、大阪市長の出直し選挙で橋下・維新の会が最も強調していた「財政黒字化」についても検討したいと思います。

『特別区設置協定書』（以下、協定書）では、大阪市を五つの特別区（北区、湾岸区、東区、南区、中央区）に分割します。新しい法律がつくられなければ「大阪都」という名称は用いられず、「大阪府」がそのまま継承されるようです。これらを前提にして、財政調整制度等の問題についてをみていきましょう。

財政調整制度

図2－1は、「協定書」でまとめられた財政調整制度のイメージ図です。この制度は複雑にみえますが、ポイントは次の二点です。

第一に、「大阪府」と特別区全体との間の財政調整を行うために、広域自治体である「大阪府」が基礎的自治体（市町村や特別区）の独自財源である法人市町村民税や固定資産税などの基幹税を吸い上げてしまうことです。「大阪府」は大阪市が行ってきた広域行政の権限を奪い取ることがその根拠とされています。図2－1の特別区民は、本来は特別区のみに納税するのですが、その一部を「大阪府」の一般会計と財政調整特別会計へ納税させられていることがこれにあらわれています。また、「大阪府」の一般会計からの繰出は国からの地方交付税が財源になっていますが、これも本来的には特別区に直入されるべきものであるにもかかわらず、それをいったん「大阪府」が受け入れて財政調整財源にしています。これらの財政調整財源のうち、約四分の一が「大阪府」の財政調整特別会計から一般会計へと繰入られることになり、その金額は一千億円以上（大阪市の人件費の約半分）にのぼるとみられています。さらには、現在の大阪市の税源である都市計画税や事業所税の一部までもが「大阪府」に吸い上げられてしまうことになります。

第二に、大阪市を五つに分割することで生じる特別区間での財政力格差を是正するために、「大阪府」が吸い上げた財政調整財源の残り分を貧しい特別区へ手厚く配分することです。「大阪府」では大阪市を人為的に分割するために、特別区間で財政上の貧富の格差が発生します。それを放置すれ

図２－１　財政調整制度のイメージ

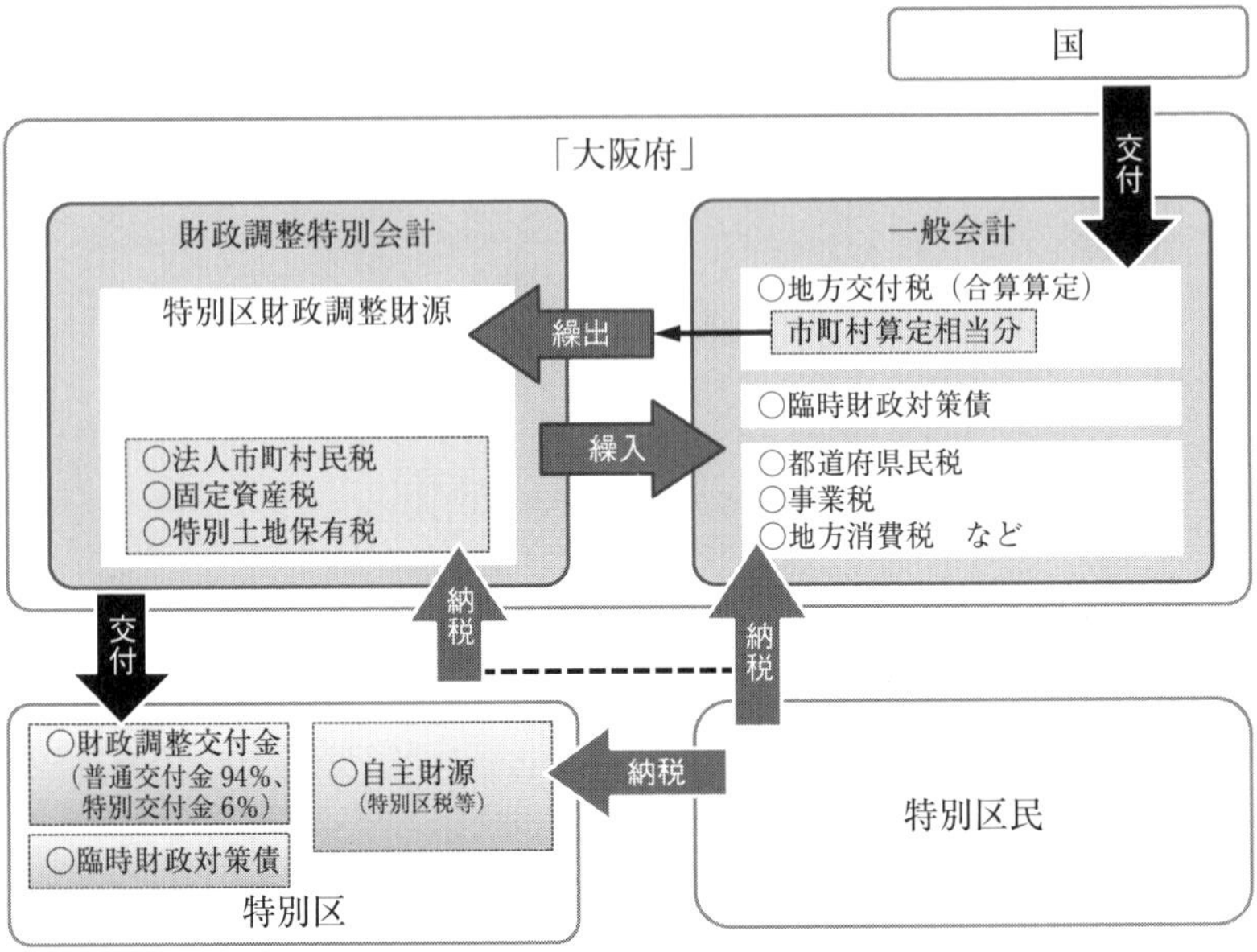

出所）大阪府市資料より作成。

ば、もともと同じ住民サービスを享受していた旧大阪市民同士の間でサービス水準の格差が生じてしまいます。それでは住民の間での不満が爆発することにつながるため、特別区間の財源の再配分が必要となっているのです。

　この二つの点は財政運営上の重大な問題を内包しています。一つには、特別区の財政運営が「大阪府」に掌握されてしまうことです。「大阪府」の内部団体でしかない特別区は権限も財源も上位団体である「大阪府」の統制下におかれます。「大阪府」が巨大プロジェクト等によって財政逼迫する事態になれば、財政調整財源の分け前は当然に抑え込まれてしまうでしょう。これでは住民に身近な公共サービスは不安定なものにならざるをえません。また、財政調整交付金のなかの「特別交付金」の配分は「大阪府」による強い裁量を与えることになるため、たとえば知事に迎合的な特別区に重点配分されるなど、政治的に歪んだ運用がなされる可能性が強くなります。

もう一つは、特別区の間の争いが絶え間なく生じることです。たとえば、財政力の相対的に高い北区と弱い湾岸区の間を考えれば、北区民が全体として多くの税を負担しているにもかかわらず、住民サービスが湾岸区と同じになる事態が発生します。その場合、北区民からすれば、湾岸区へ自分たちの税金を回すぐらいなら、もっと北区の住民サービスを充実させてほしいと考えるでしょう。こうした住民同士の摩擦は、それぞれが独立した自治体同士である場合には財政調整制度がないために発生しません。ところが、「大阪府」の下の特別区においては、こうした財政の奪い合い状態が絶えず生み出されてしまうのです。これはきわめて不安定な制度であり、税金をめぐる修羅の世界をつくりだすものです。東京都の特別区も同じような制度運営を行っていますが、東京二三区は全体として行政水準が高く財政も豊かであるため、こうした財政上の摩擦は起こりにくいのです（それでも、特別区の中には不満に思っている団体もあります）。大阪のような財政貧困団体の場合には、東京のような穏便な財政調整などありえないのです。

一部事務組合

特別区同士がつくる一部事務組合は、各政治会派が共通して問題にしている点であり、「大阪都構

表2-1　大阪特別事務組合で共同処理される事務

①事業
・国民健康保険事業、介護保険事業、水道事業及び工業用水道事業
②システム管理
・住民情報系７システム（住民基本台帳システム等）
③施設管理
〈福祉施設〉
・児童自立支援施設（大阪市立阿武山学園）
・情緒障がい児短期治療施設（大阪市立児童院、大阪市立弘済のぞみ園）
・児童養護施設（大阪市立入舟寮、大阪市立弘済みらい園等）
・母子生活支援施設（大阪市立北さくら園、大阪市立東さくら園等）
・母子福祉施設（大阪市立愛光会館）
・保健施設（大阪市立大淀寮、大阪市立淀川寮、大阪市立港晴寮等）
・大阪市立心身障がい者リハビリテーションセンター
・福祉型障がい児入所施設（大阪市立敷津浦学園）
・福祉型児童発達支援センター（大阪市立都島こども園等）
・ホームレス自立支援センター
・障がい者就労支援施設（大阪市立千里作業指導所）
・特別養護老人ホーム（大阪市立大畑山苑）
・医療保健施設・養護老人ホーム・特別養護老人ホーム（大阪市立弘済院）
〈市民利用施設〉
・青少年野外活動施設（大阪市立信太山青少年野外活動センター）
・ユースホステル（大阪市立長居ユースホステル）
・青少年文化創造ステーション（大阪市立青少年センター）
・児童文化会館（大阪市立こども文化センター）
・障がい者スポーツセンター（大阪市舞洲障がい者スポーツセンター等）
・市民学習センター（大阪市立総合生涯学習センター等）
・大阪市中央体育館
・大阪市立大阪プール
・靱庭球場
・女性いきいきセンター（大阪市立男女共同参画センター中央館等）
〈その他〉
・急病診療所（中央急病診療所、都島休日救急診療所等）
・大阪市動物管理センター
・キッズプラザ大阪（運営補助）
・斎場（大阪市立北斎場、大阪市立小林斎場、大阪市立葬祭場等）
・霊園（泉南メモリアルパーク、瓜破霊園等）
④財産管理
・「大阪市未利用地活用方針」で「処分検討地」とされた土地等の管理・処分
・オーク200事業の終了に伴い大阪市が引渡しを受けた財産の管理・処分
・大阪市の土地先行取得事業会計に属していた財産の管理・処分

出所）大阪府・大阪市特別区設置協議会『特別区設置協定書』225～226頁より作成。

想」における重要な争点です。『協定書』では、すべての特別区を構成団体とする一部事務組合（大阪特別区事務組合）の設置を掲げており、そこで共同処理される事務が**表２－１**のようにまとめられています。これをみれば、通常の一部事務組合が消防やごみ処理などの規模の経済性が見込まれる事業の運営のために用いられることに比べ、大阪ではあまりに多様な領域の運営に用いられようとしていることがわかります。

とくに、国民健康保険事業や介護保険事業などの分野は、どの自治体でも保険料の高さが大きな課題となっています。もし財政的に豊かな特別区が住民の要求に基づいて国民健康保険料を引き下げようとしても、一部事務組合であればそれを独自の判断ではできません。むしろ、財政的に貧しい特別区が存在することを想起すれば、保険料の引き下げはきわめて困難でしょう。これもまた特別区の住民間での財政をめぐる激しい争いを引き起こす要因となってしまうのです。

社会保険は典型ですが、各種の公共施設の利用についても、その運用規定や利用料の設定などを単独の特別区だけでは決めることができません。一部事務組合はたしかに「民意」から遠い存在なのであり、「大阪都構想」がたえず強調してきた「住民自治」や「ニア・イズ・ベター」に反するものであるのは間違いありません。

特別区の「財政黒字化」

図２－２は、橋下・維新の会が出直し市長選挙の際に用いていた財政シミュレーションの図です。

図2-2　橋下・維新の会の財政効果図

たとえば5区案（北・中央区分離）で財政シミュレーションすると…

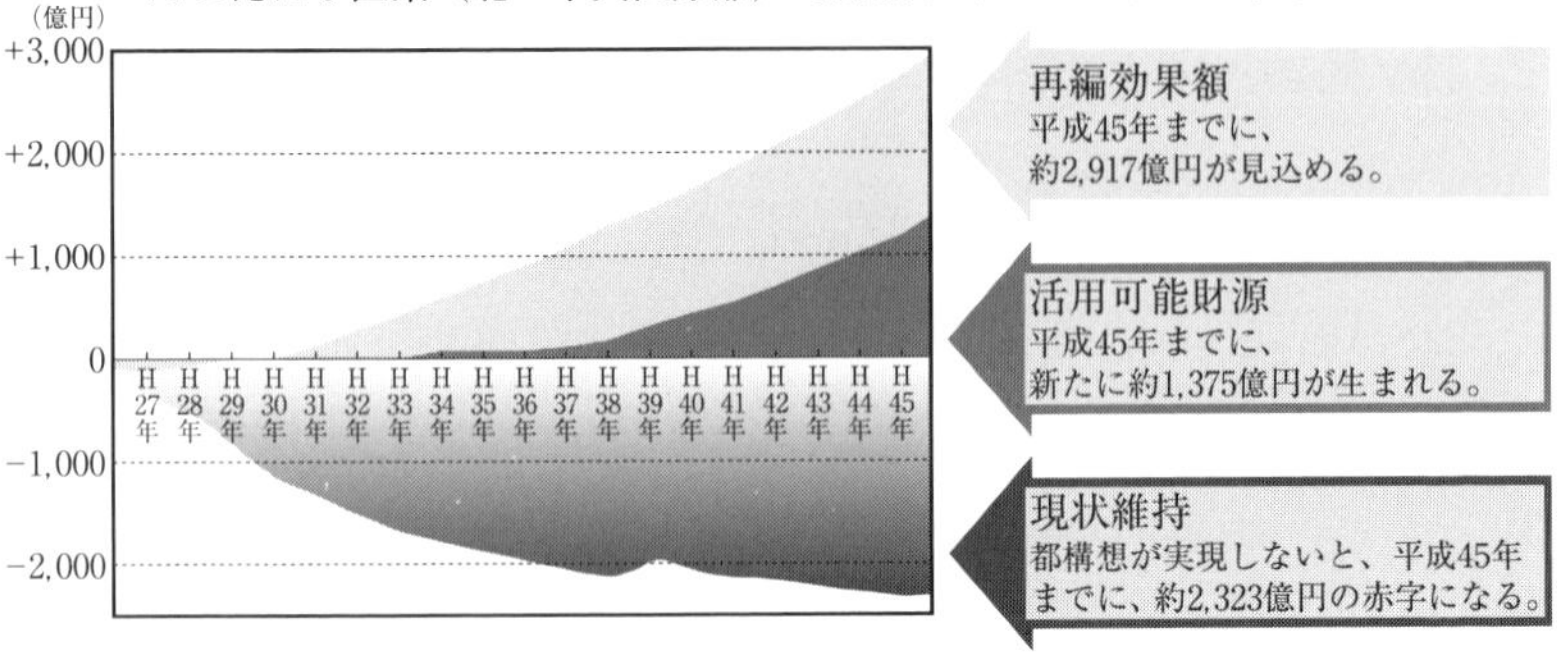

毎年の約300億円～400億円の通常収支不足が解消されるだけでなく、
さらに、新たに生み出される財源は累計で**1,400億円**に近づきます。

出所）大阪維新の会 Web ページ。

この数字自身は、法定協議会でまとめられた数字であり、それ自体が誤りであるとは断定できないものです。

この図では、「大阪都構想」を実現すれば「再編効果額」の「黒字」が発生し、実現しない（＝「現状維持」）場合には、赤字が累積していくという状況を示しています。

しかし、このような財政の変化にはいくつもの前提条件が意図的に隠されています。そのため、①どのような歳入が見込まれているのか、②どのような歳出の削減を想定しているのか、という二点を検証することが必要になります。このシミュレーションの詳細については行政内部の情報に依拠しているために十分に確かめられませんが、簡単にわかることだけでも二つの点からこの試算の問題を指摘することができます。

第一に、歳入についてみれば、土地の売却収入、行政改革推進債の活用、「大阪府」からの財政補てんという三つの「臨時的収入」に大きく依存することが前提になっています。市有地の売却は、それが予定された時期と価格でスムーズに進むかどうかは不透明であり、その土地の売却そのものが本当に望ましいのかどうかという点もきちんと検証されるべきでしょう。行政改革推進債は、自治体の行政改革（リストラ）を進めることを条件に認められる特例債です。行政改革推進債は職員削減などを行う代わりに、それによって必要となる支出を借金に振り替えさせることで、自治体の単年度での財政負担を少なくすることを狙いとしています。その前提にあるのは、自治体職員を今後どんどん削減していくことであり、「小さな自治体」づくりを特別区でも推進していくということに他なりません。「大阪府」からの財政補てんについても、将来的に履行されるものかどうかは不明です。仮にこのような補てんが実施されたとしても、「大阪府」の方ではその財源を財政調整財源等の配分割合の修正要求を通じて、特別区側に負担させようとするに違いないでしょう。すなわち、これらの財政対策はいずれも不透明であるか、または特別区側（特別区の住民）への負担としてあらわれるものであり、そのまま鵜呑みにできるものではないのです。

第二に、歳出においては、「大阪都構想」とは関係のない大阪市単独の財政削減策が組み込まれています。先ほどみた行政改革推進債はその一つのあらわれですが、それだけではなく、すでに大阪市で進められている「市政改革プラン」（二〇一二年七月発表）でもその状況がみえてきます。「市政改革プラン」は大阪市が単独で実施しているものですが、「大阪都構想」の実現を前提として策定・実行されているものです。「市政改革プラン」では三年間で約四〇〇億円の歳出削減を行うとし、

「サービスの受け手が選択できるサービスへ」「徹底したムダの排除、収入の範囲での予算編成を基本とする規律ある財政運営」「民間でできることは民間に委ね、事務事業の民間や地域への開放による地域経済の活性化や雇用の創出」などを掲げ、「ムダを徹底的に排除し、成果を意識した行財政運営」を柱としています。

これらのポイントは、「再編効果額」には大阪市単独の財政削減策や土地売却等が試算に組み込まれているのに対して、「現状維持」にはそれらが入っていないという点です。事実、「再編効果額」には「大阪都構想」と関係のない地下鉄民営化や土地売却等々が盛り込まれています。その一方で、対照とされている「現状維持」にはそれらが含まれていません（地下鉄民営化一一二億円・一般廃棄物経営形態変更八八億円など）。この財政シミュレーションは明らかに住民の目をごまかす意図的な政治誘導を行っているといわざるをえないものです。先の民主党系の財政シミュレーションに関する指摘は正しいのです。

「大阪府」の財政収支

公明党幹事長が指摘していたように、「大阪都構想」をめぐっては「大阪府」の方の財政収支がどのようになるのかが明らかにされていません。その最大の理由は、橋下・維新の会が今後推し進めていこうとしている巨大開発（とくにカジノ関連の湾岸部の整備）によって、その主体となる「大阪府」にいったいどれだけの財源が必要となるのかが明らかでないためです。

大阪維新の会のホームページでは、「大阪都構想Q&A」というコーナーが設けられています。その中に、「都構想の財政的効果は低いのではないか?」という項目があり、それに対する回答として「統合効果額には、広域行政を一元化した大阪都になれば実現可能となる成長戦略による経済効果が全く算入されていません。今後、この経済効果を盛り込むことで、真の統合効果が明らかになります」と記されています。このQ&Aのコーナーではこの回答のほかにも、同じように「成長戦略によって経済成長が実現する」という文言があちらこちらに出てきます。たとえば、「税収が減ってしまうのではないか?」という問いに対しても、「大阪都の成長戦略によって、経済成長が実現します。そうなれば、税収も増大し、住民サービスの充実へつなげることが可能となります」などと答えています。

つまり、「大阪都構想」をめぐる都合の悪い点については、すべて「成長戦略による経済成長」という雲をつかむような論理に押し込め、それ以上の議論を封殺してしまっているのです。そして、それ以上に問われなければならないのは、成長戦略の実行部隊となる「大阪府」の財政見通しです。それが出せないのは、巨大開発を進めるための膨大な財政負担を見せることができないことに理由があるのです。

4　道州制と「大阪都構想」

以上のような問題を考慮すれば、「大阪都構想」はすでに手続き的にも制度的にも破たんしているといえます。それに加えて、橋下・維新の会は道州制（関西州）を首尾一貫して主張してきているのであり、それと「大阪府」との関係は明らかに矛盾しています。この点については、橋下・維新の会は苦し紛れに次のように述べています。「大阪都構想はこの関西州をつくるための準備であり、道州制と全く矛盾するものではありません。かたや関西広域連合とも両立します。私たちは関西全体のことを口にする前に大阪の改造をやり遂げ、そのあとに道州制に向かうのが物事の順序と考えています」（大阪維新の会『図解大阪維新　チーム橋下の戦略と作戦』ＰＨＰ研究所、二〇一二年、六四頁）。これは、単に物事が進む順序を言っているだけであり、こんなことを「矛盾しない、両立する」などと平然と言えるところに、住民を愚弄して憚らない彼らの政治的本性があらわれています。さらに彼らのホームページでは「道州制とも関係あるの？」という問いに対して、「明治以来着々と強化され続けてきた中央集権体制は岩盤のように堅牢で、生半可な政治的パワーではびくともしません。しかし、大阪都が実現すれば、改革を求める声は日本中で巻き起こります。その声は大きなうねりとなって、霞ヶ関＝中央集権体制を突き崩し、我が国を道州制をはじめとする次世代型国家へと生まれ変わらせることができるのです。大阪での一点突破が実現するか否かに、日本全体の浮沈がかかっているのです」などと言っています。これは威勢のよい精神主義的言説でもって住民を思考停止に陥れてしまう危険な手法です。そこで狡猾に隠されているのは、「大阪都構想」と道州制が明らかに二律背反であり、整合的な説明がまったくつかないという点です。要するに、住民はだまされているだけなのです。

では、なぜ彼らは論理的にも制度的にも破綻している「大阪都構想」をかくも実現したいのでしょうか。その理由は、彼らの政治権力に対する欲求以外の何ものでもありません。それは政策の是非ではなく、単なる政治的実行力の誇示にすぎないものです。そのために、私たちが翻弄され、失おうとしているのが歴史都市・大阪なのです。要するに、大阪の統治機構は橋下・維新の会の政治的踏み台にしかすぎないものであり、それがあたかも「大阪再生」「日本再生」であるかのようなムードを政治的につくりだしてきたのです。

問題は、このような政治的踏み台にされている大阪の将来に対して、議会・住民がどのように冷静に反応するのかにあります。そして、「大阪都構想」が提起した住民自治や大阪府市の関係をどのように展望するのかという代替策も急ぎ検討されなければなりません。

歴史的大都市である大阪市を消滅させるのか否かについては、慎重にも慎重を重ねた討議が欠かせません。それこそが政治の役割であり、住民自治の基本です。「多数の専制」を克服し、包容力のある政治と住民自治を取り戻すこと、ここに大阪の再生の第一歩があるのです。

第3章　強権的な手法により性急に作成された協定書では住民投票に熟さない

「大阪都」構想は、二〇一二年に制定された「大都市地域における特別区の設置に関する法律」の定める手順により進められています。この法律によれば、「大阪都」を実現するためには、まず、大阪府・大阪市を代表する委員による協議会（いわゆる法定協議会）を設置し、そこで特別区の区割りや名称、府と各特別区との事務分担など「大阪都」の制度設計を決めて、協定書を作成します。これは、総務大臣に報告して意見を求めた後、正式に確定されます。次に、この協定書について、大阪市議会と府議会で承認の議決を得ます。さらに、大阪市民の住民投票で過半数の賛成が得られれば、最終的に総務大臣の決定により「大阪都」制に移行します。

二〇一四年七月に、法定協議会が作成した最初の協定書は、同年一〇月に府市両議会で不承認となりました。二〇一五年一月一三日には、法定協議会で改めて協定書案が議決されました。これは府市両議会で承認され、その先の住民投票に付されるところまでは手続が進む見通しです。住民投票は、二〇一五年の五月中旬頃に実施されると見られています。

しかし、「都」構想は、住民投票に付すに足りるだけ議論が成熟したといえるでしょうか。新しい協定書案は、以前の協定書にわずかばかりの修正を施したものですが、以前の協定書は、その内容について難点が多々指摘されうるだけでなく、非維新系の委員を強権的に排除して性急に作成されたという点でも深刻な問題を抱えたものでした（第2章参照）。それだけに、このままでは住民投票が「都」構想に対する多様な意見を封じる反民主主義的手段として機能しかねないのです。

1　非維新系委員を排除した法定協議会での最初の協定書作成

「大阪都」構想の法定協議会は二〇一三年二月に設置され、以後およそ月二回のペースで開かれてきました。しかし、維新の会は、二〇一四年一月三一日の会合で橋下大阪市長による区割り案絞り込みの提案が否決されると、露骨に強引な手法をとりはじめます。すなわち、橋下市長は信を問うとして辞任してしまい、その後五か月以上の間、法定協議会は開かれませんでした。ところが、七月に入ってからは三日・九日・一八日・二三日と矢継ぎ早に開催され、橋下市長の提案した区割り案に基づく協定書案を強行決定し、これが新藤総務相（当時）に報告されました。

しかも、この過密日程による協定書案決定を押し切るため、六月二七日、維新の会は法定協議会から非維新系委員を排除しました。法定協議会は、府知事と府議会推薦の議員（議長を含む）九人、大阪市長と大阪市議会推薦の議員（議長を含む）九人、合計して二十人の委員（会長を含む）で構成されます。しかし、維新の会は、過半数を制していた府議会の議会運営委員会で、府議会推薦委員のうち非維新系の委員を全て維新所属の議員に差し替えたのです。そのとき、「都構想に反対する委員は、法定協議会設置の趣旨に反する」という乱暴な理屈が持ち出され、それは橋下市長の再選で民意を得ているとされました。これに反発した大阪市議会側が推薦委員九人全員を引き揚げ、その結果、七月二三日の協定書案は、維新の会所属の委員だけで、それも、大阪市という自治体の廃止を含む重大な内容のものながら、大阪市民を代表する大阪市議会からの委員が全く参加しないまま、作成されたのです。

それでも、この協定書案は、九月二日に新藤総務相から、内容面の限りでは「特段の意見はない」との回答があり、それによって法定協議会の最初の協定書として確定することとなりました。

2　法定協議会の運営正常化の不当な妨害

府議会の非維新系各会派は、法定協議会の府議会推薦委員について条例制定により会派比例の構成に復元するため、松井知事に対し、連名で臨時府議会の招集を求めました。ところが、府議会では維新の会所属議員が半数を割り込んでいることから、松井知事は地方自治法の定めに違反して招集を拒絶し、岡沢議長（維新の会所属）が、協定書案決定後の七月二五日にようやく府議会を招集しました。しかも、この臨時府議会で、条例案は一度は可決されましたが、松井知事が拒否権を行使したため成立に至りませんでした。非維新系会派からは、議会規則改正によって法定協議会の委員構成を復元することも提案され、これは知事の拒否権が通用しない手法として注目されましたが、これ岡沢議長は審議に入らないまま休憩を宣言し、会期切れにより廃案になるのを待つという挙に出ました。

それに対して、非維新系議員は直ちに再び臨時府議会の招集を求めました。しかし、松井知事はこれも拒絶し、臨時府議会は八月一五日に開かれましたが、そこでもまた、前回と同様の条例案に対して松井知事が拒否権を行使して成立を妨げました。議会規則改正も再び提案されましたが、維新側は一事不再議（同じ会期における同一議案の蒸し返し禁止）に当たると主張して審議入りを拒絶しました。

このように、維新の会は、府議会推薦委員をなりふりかまわず独占し続けましたが、それは、協定書について法定協議会での再検討が必要となった場合に、「大阪都」構想が非維新系各派の反対によって頓挫するのを避けるためでした。六月二五日に維新の会から離党表明した三府議について速やかな会派離脱が認められなかったことにも、府議会内の会派勢力分布が変わって議運委内の過半数を失う事態を恐れたという背景があります。これらはいずれも、府民の代表である府議会の活動を、党利党略の恣意的な思惑からことさら妨害した行為にほかなりません。

議会の招集拒絶について、松井知事も、市議会の招集を同じく拒否した橋下市長も、「形式的には法律に違反しても、違法ではない」と居直りましたが、法治国家では、当選したときの「公約」を実現するためだとしても、法律に反する手段を用いることは許されません。議会招集拒絶行為については、違法性が阻却されるのではなく、ただ罰則規定がないだけのことです。

結局、新藤総務相から協定書案に関する「特段の意見はない」との回答があって、法定協議会を開いての協定書案の修正が不要となった後、九月九日に三府議について除名処分のかたちで会派離脱が認められ、また、法定協議会の委員構成の復元も、九月二五日に開会した定例府議会における会議規則の改正により、ようやく実現されることになりました。

3　協定書が議会で否決された後、専決処分による住民投票持ち込みを画策

「都」構想の最初の協定書は、府議会には九月二五日、大阪市会では一〇月一日に承認を求めて付議されましたが、審議の後、一〇月二七日に双方の議会において反対多数で不承認となりました。もっとも、両議会とも維新の会が議席の過半数を有しないこともあって、それ以前から不承認の結果は確実視されていました。そこで、橋下市長は、承認がされない場合に、議会の議決権を首長が代行する専決処分権限を発動する可能性をも示唆していました。

専決処分は、本来、議会制の下での例外的措置であって、発動の要件は極めて限定的です（地方自治法一七九条）。議会で協定書の承認が一度否決された後であれば、「議会が成立しないとき」などの所定の発動要件は充足されないと考えられます。さらに、そもそも大阪市の廃止を含む「大阪都」構想の内容の重要性にかんがみると、協定書の承認は、議会の判断を省略する専決処分にはなじまない事柄だといえます。

この最初の協定書については、新藤総務相が、内容面とは別に、作成の経過が不正常だったこと

から、地方自治法に基づく措置（技術的助言）として、松井知事と橋下市長に対して「関係者間での真摯な議論」を求めていました。実質的にこれは専決処分をしないようクギを刺した趣旨と理解されます。また、大阪市で「大阪都」構想を所管する府市大都市局の山口信彦局長も、「専決処分は好ましくない。行政としてはありえない選択だ」と述べていました（九月一七日）。

そのため、仮に橋下市長が協定書承認の専決処分を強行していた場合でも、その違法性が明らかで「承認」は無効だと見て、選挙管理委員会が住民投票の執行を拒否した可能性があります。さらに、それでも住民投票が実施された場合、仮に賛成多数の結果が出たとしても、総務大臣が「都」制移行の決定を見送った可能性も否定できません。

4　住民投票の実施の可否を決める住民投票（いわゆる「プレ住民投票」）の怪

協定書承認の専決処分という強行策に対する批判が厳しいことから案出されたのが、いわゆるプレ住民投票です。維新の会は、府市両議会では劣勢ながら、「都」構想について住民投票を実施すれば多数の支持が得られると算段しています。そこで、「都」構想実現に向けて法律上必要とされる、府市両議会での協定書承認の後の住民投票とは別に、その法定の住民投票を実施するか否かを決めるための住民投票（プレ住民投票）を、大阪市条例を定めて実施しようと考えたのです。プレ住民投票で法定の住民投票の実施が支持されれば、その政治的圧力により両議会の不承認議決を覆そうということですが、それでも両議会の姿勢が変わらない場合、橋下市長・松井知事は専決処分によって両議会の承認議決に代えて、法律に基づく住民投票を実施する可能性をも示唆していました。

ただ、プレ住民投票を実施するための大阪市条例もまた、そのままでは大阪市議会で成立の見通しが立ちません。そこで、橋下市長は、条例案を自ら議会に提案するのではなく、地方自治法に基づく直接請求として、住民が有権者の署名を集めて条例制定を提案する形式をとる策を考えました。

しかし、もともと住民投票の過程が組み込まれた手続の中に、条例で別の住民投票を追加して住民の意思を重ねて問う必要はありません。仮に、府市両議会が民意に背いて「都」構想の実現に不当に〝抵抗〟しているとしても、次の四月には両議会の議員選挙が実施されるのですから、その際に住民は最大の争点というべき「都」構想の賛否を投票で示すことが可能です。それでも両議会の選挙を間近に控えた時期に住民投票を実施して、住民投票の結果が両議会の選挙結果と整合するならば住民投票は不要だったわけですし、仮に整合しないならば、かえって混乱を招いたことでしょう。まして、プレ住民投票が、大阪市長と知事の違法な専決処分を正当化するための口実づくりであれば、プレ住民投票自体が違法というべきです。

プレ住民投票を実施する条例の制定を求める策動は、その後公明党の姿勢転換によってその必要性がなくなり、打ち切られました。

5　不可解にして無責任な公明党の方針転換

公明党は、二〇一四年一二月の総選挙後、突然に「都」構想に対する姿勢の転換を表明しました。

同党は、最終的には住民投票をもって住民が決定をすべきであるとの理由から、府市両議会の二〇一五年二月定例議会で協定書の承認に賛成し、法律に基づく住民投票の五月中旬実施を認めるとします。それを受けて、一二月三〇日に法定協議会が再開され、その一月一三日の会合で維新・公明所属委員の賛成により二度目の協定書案が議決されました（以上の経過については第1章参照）。維新・公明両党では府市両議会の議席の過半数に達するため、プレ住民投票によるまでもなく、手続が法律に基づく住民投票までは進む見通しで、「都」構想の行く末はその投票結果次第で決まることとなりそうです。

もっとも、新たな協定書案も、わずか二回の会合でまとめられただけに、維新単独で作成された当初の協定書にわずかな修正を加えたものに過ぎません。そして、公明党も、協定書の内容には反対の姿勢に変わりがないとしているのです。

しかし、「都」構想の協定書に不備が多いことを承知の上で、それでも「都」構想の当否についての最終判断を住民投票に委ねるというのは、仮に「都」制に移行して不備が露呈したときの政治責任を住民に押しつけることを意味し、議員としても政党としても無責任だとのそしりを免れません。

また、政策の決定を住民投票に委ねることが当然に民主主義的ということもできません。住民投票は、とくに権力者の主導によるとき、十分な議論を欠いたまま政策を強行する手段として、すなわち少数意見を抑圧する手段として濫用されがちだからです。橋下市長の民主主義観は、議会の存在意義をきわめて否定的に評価するもので、これに安易に同調してはなりません。

6　複雑な問題に関して検討不十分なまま判断を迫る住民投票手続

法律の定める住民投票の手続も、問題の多いものです。何より、住民投票の実施まで、府市両議会の承認議決が出そろってから最長で六〇日しか時間がありません。それに対して、「都」構想の協定書の分量は、全体で六七二頁に及びます。住民にとって、自分の生活と密接に関係する箇所を残らずチェックすることは、まず無理でしょう。また、「都」構想を推進する側の橋下市長は、「都」構想のメリットについて法律の定めを根拠に公費を際限なく投入しての大宣伝ができる一方で、「都」構想を批判する側からは、公報上に推進派と並べて意見を載せられる程度で、それ以外の宣伝活動には通常の選挙と同様の厳しい制約がかかります。その中で有権者は「都」構想のメリット・デメリットを見極めなければならないのです。そして、「都」構想の内容を十分に理解できず、その当否を判断しあぐねた住民が多数棄権し、投票率がはなはだ低いレベルにとどまった場合でも、住民投票は有効に成立してしまいます。その結果、仮に「都」構想の賛成票（特別区設置賛成票）が有効投票数の五割を超えたならば、もう後戻りもやり直しもできなくなるのです。

7　性急な住民投票によって多様な意見を封じることなく、議論を尽くす必要がある

維新・公明両党は、府市両議会の二月定例議会での新協定書承認を予定しています。四月には府市両議会の議員選挙も予定されていて、その際には「都」構想に対する民意も表明されるだろうと

いうのに、それすら待とうとしません。

維新の会が「都」構想の実現を急ぐのは、新旧の協定書で二〇一七年四月予定とされた（当初は二〇一五年四月の予定でした）「都」制移行の時期に間に合わせるためとされます。とはいえ、住民に熟考する時間的余裕を与えないこの慌ただしい時期設定は、橋下市長が何の合理的根拠もなく勝手に決めたものに過ぎません。このように強引な手法をとってまで急ぐのは、何より維新の会が退潮傾向にあって、先になればなるほど「都」構想の実現可能性が薄れると見込んでいるからです。

しかし、「大阪都」構想は、極めて重大な政策判断として、慎重な検討と合意形成が欠かせないはずのところです。これまで、「都」構想については深刻な問題点の指摘を含む多様な意見が示され、また、当初の協定書がすでに府市両議会で実質的内容に及ぶ審議を経て不承認となったことからも、住民の中に存在する多様な意見を性急な住民投票によって封じることなく、議論を尽くす必要があります。さしあたり、議論を集約する場として最もふさわしいのは、適正に構成された法定協議会だと考えられます。

拙速は禁物で、さもなくば、仮に「大阪都」制移行が決まっても、理解が広がらないまま住民に結論を押しつける形となり、無用の摩擦や混乱が生じることは避けられません。議論が尽くされ、「都」構想に対する理解が広まってはじめて、「都」構想は住民投票に付すに足りるだけ成熟したといえるのです。

第4章　大阪経済再生への道筋

大阪経済と市民生活は残念ながら非常に厳しくなっています。なぜそのようになっているのでしょうか。維新の会は大阪都構想を通じて、大阪経済の活性化を進めるといいます。大阪経済の活性化に反対しているのではありません。しかし、維新の会がいうように、カジノを誘致し、高速道路を整備すれば大阪経済が再生するのでしょうか。いったいどうすれば大阪経済の活性化、市民生活の安定を取り戻すことができるのでしょうか。そのために自治体は何をすべきでしょうか。本章ではこれらを考えます。

1　日本経済と国民生活を再生するポイント

構造改革が暮らし、経済の諸問題を引き起こしている根源

一九八〇年代半ば以降、多国籍企業化が進み、それとともに新自由主義的改革が進んでいます。グローバルスタンダードを掲げ、終身雇用、年功序列の賃金体系を崩し、不安定雇用の増大、賃金の低下を引き起こしました。また、中小企業に対しては徹底した単価の切り下げが進められました。

図４－１　内部留保と給与の変化（1997年＝100）

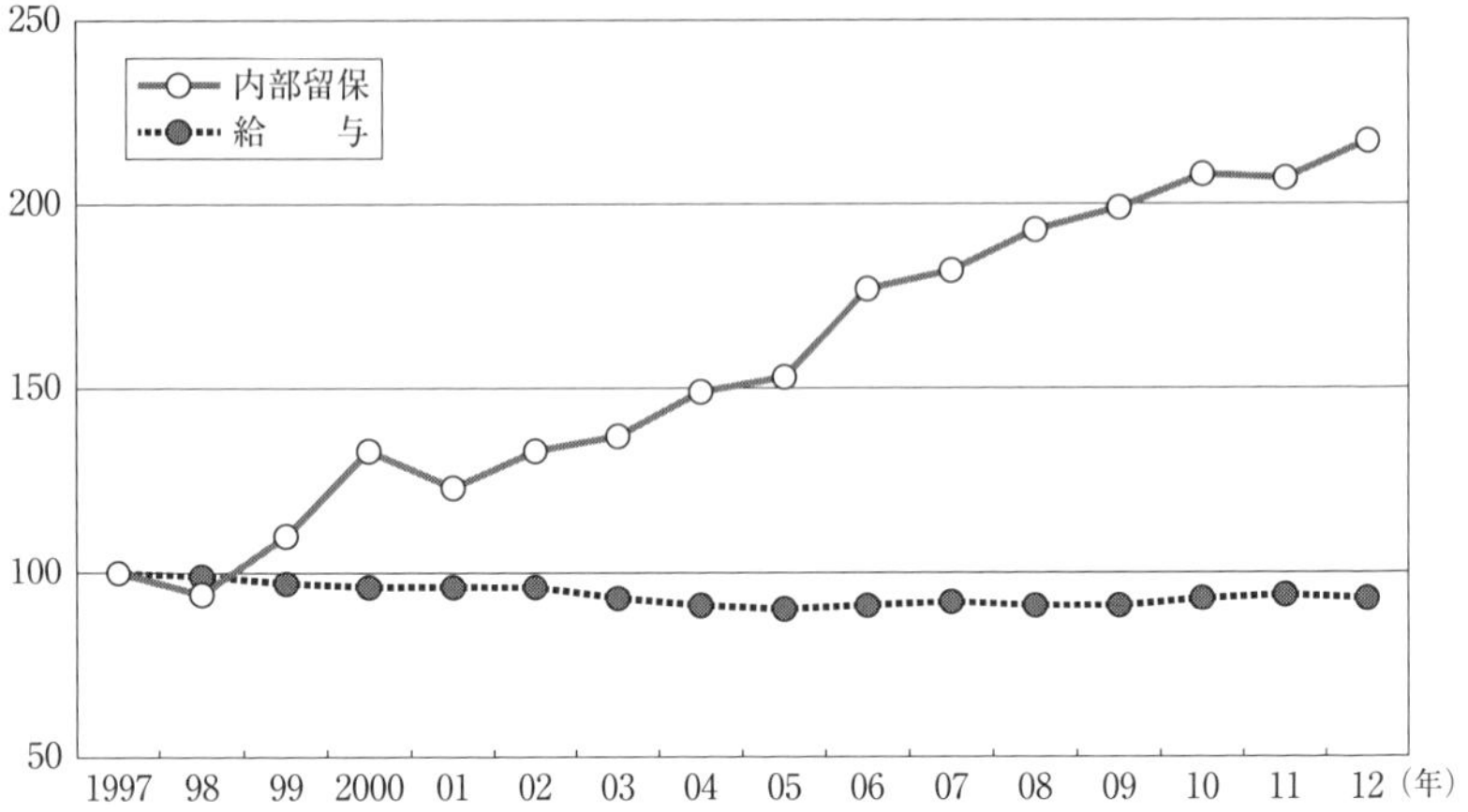

出所）財務省「法人企業統計」より作成

政府も多国籍企業が進める改革を支援する構造改革を進めました。財源を確保するため地方向け公共事業費の削減、市町村合併等を実施したため、地方経済は疲弊しました。一方、大都市圏を中心とした巨大インフラの整備、大手企業に対する減税が進められました。それによって引き起こされた財政危機に対して、消費税増税、社会保障の切り捨て、民営化で対応しています。また、人件費を容易に下げられるように各種の規制緩和も進めました。そして大規模小売店の参入に対する規制も緩和されました。

このような新自由主義的改革の結果、大手企業は膨大な内部留保を確保しましたが、国民生活は困窮を深めています。**図４－１**は内部留保と平均給与の変化を見たものです。一九九七年度の内部留保は約二二二兆円、それが二〇一二年度には四八一兆円と二倍以上に増加しています。その一方で、一九九七年度の給与は三九〇万円、二〇一二年度は三六一万円で七％減少し

図４－２　正規雇用、非正規雇用の変化（1997年＝100）

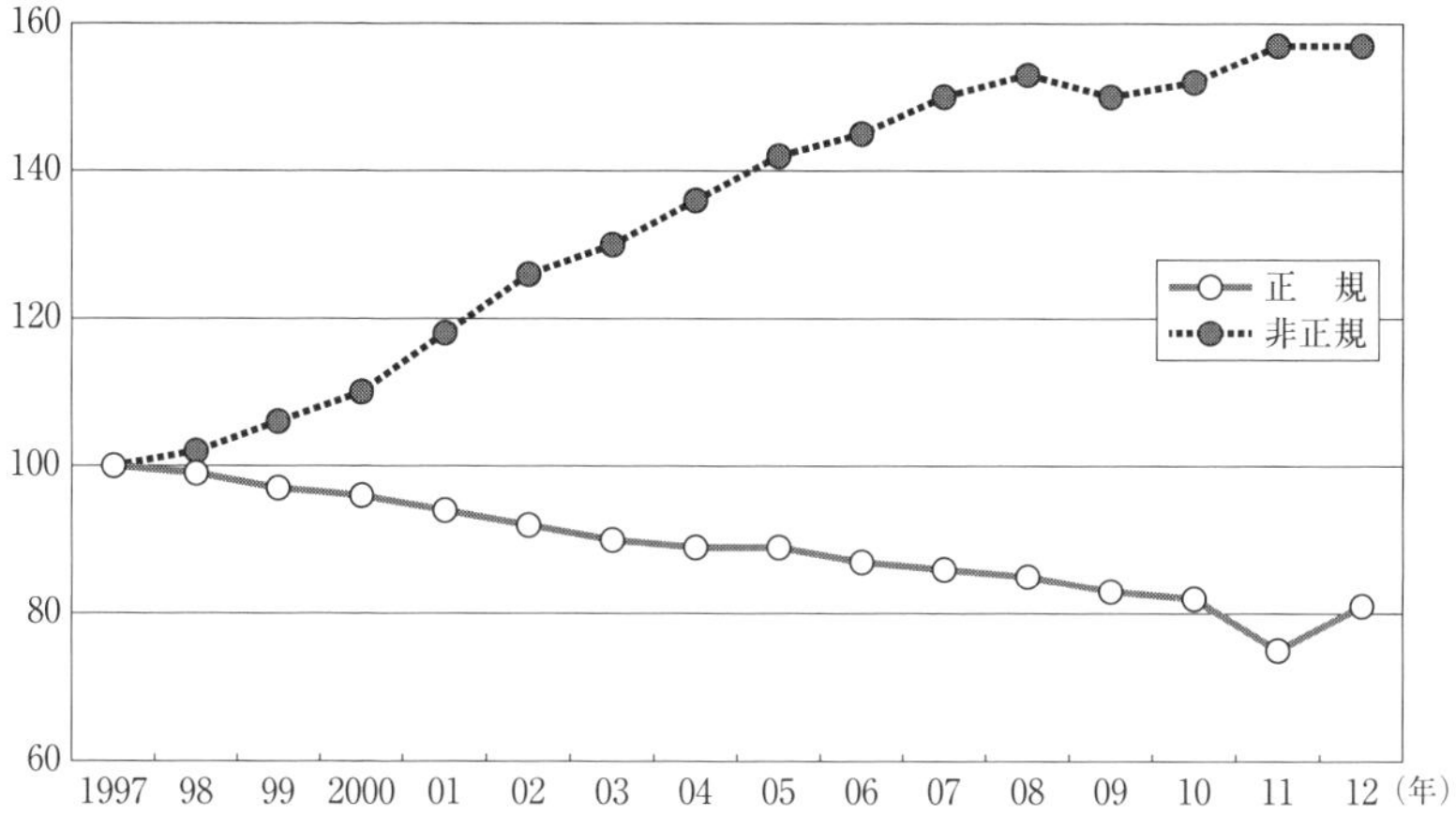

出所）総務省「労働力調査」より作成

ています。

給与が減っているのは、給与そのものが上がっていないということもありますが、雇用の不安定化が急速に進んでいることも大きな理由です。**図４－２**は正規雇用と非正規雇用の変化を見たものです。一九九七年の雇用者総数は五三九万人、うち正規雇用は四二四万人、非正規雇用は一一五万人でした。それが二〇一二年では、雇用者総数は五二五万人で三％の減ですが、正規雇用は三四四万人で一九％の減、非正規雇用は一八一万人で五七％増です。非正規労働者の比率も二一％から三四％まで増えています。

正規雇用と非正規雇用では給与、労働条件などが大きく異なり、しかも非正規雇用労働者は雇用の継続が保証されません。非正規雇用の増加に示されているように雇用の不安定化が市民の生活をきわめて深刻な状態に追いやっています。

このような変化は単に生活を厳しくするだけではあ

図4－3　収入と支出の変化（1997年＝100）（２人以上世帯のうち勤労者世帯）

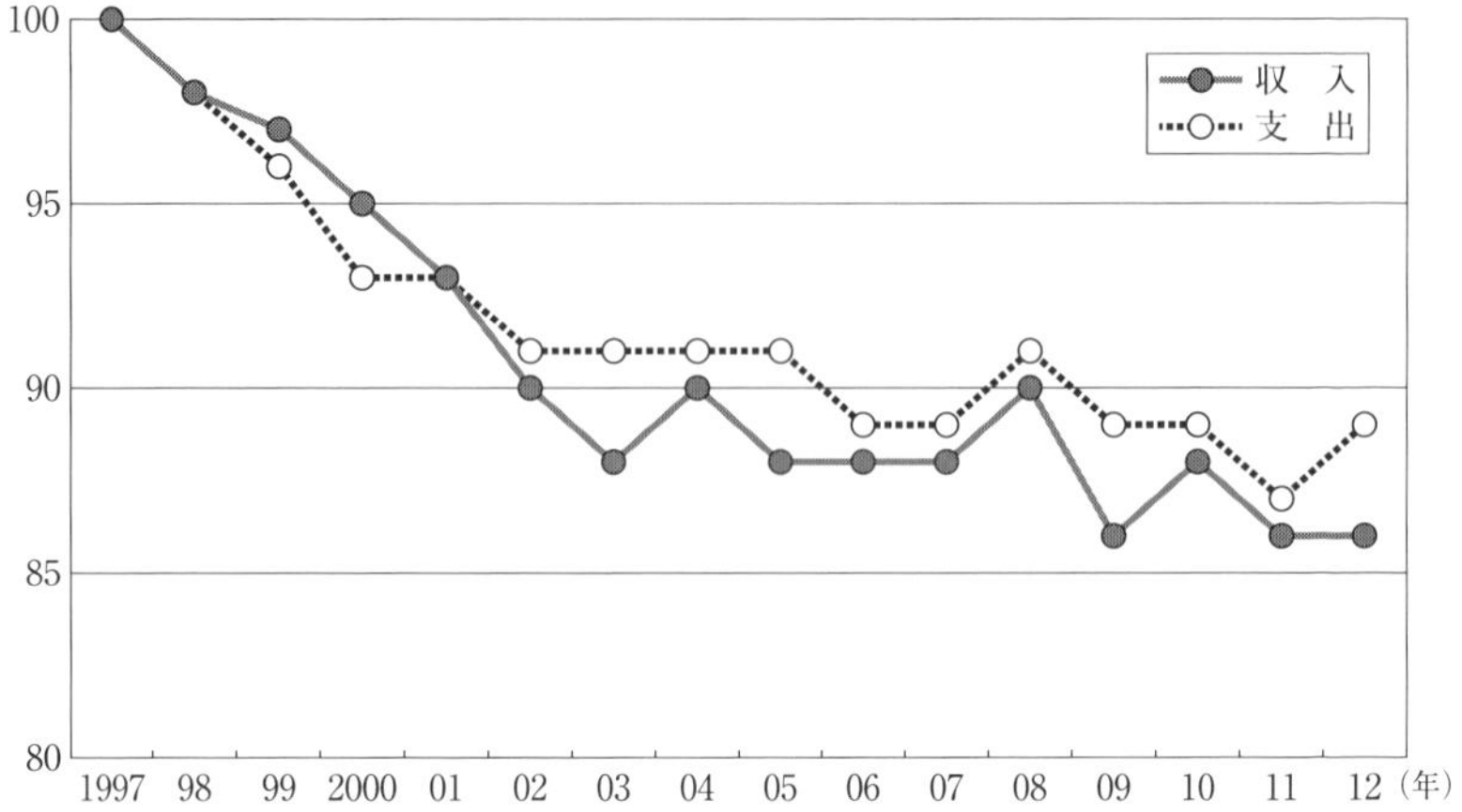

出所）総務省「家計調査」より作成

りません。収入が減ると支出も減ります。その変化を見たのが**図4－3**です。一九九七年と二〇一二年を比較しますと、収入は一四%減、それに伴い支出も一一%減っています。

生産物やサービスが消費されないと経済の活性化はうまく進みません。お金を貯め込んでいても経済の活性化にはつながりません。二〇一一年で誰が最終的に消費しているかを見ますと、個人消費が五九%、行政部門の消費が一九%、企業の設備投資や住宅建設などが一九%となっています（内閣府、国民経済計算より）。経済の約六割を占める個人消費が冷え込みますと、国全体の経済も低迷します。

この二〇年間に進められた企業の新自由主義的改革、それを支援した政府の構造改革、これが雇用を不安定にし、個人消費を冷え込ませ、日本経済と国民生活を深刻な状態にしている根源です。

図4－4　年収200万円以下、生活保護受給世帯数の変化（1997年＝100）

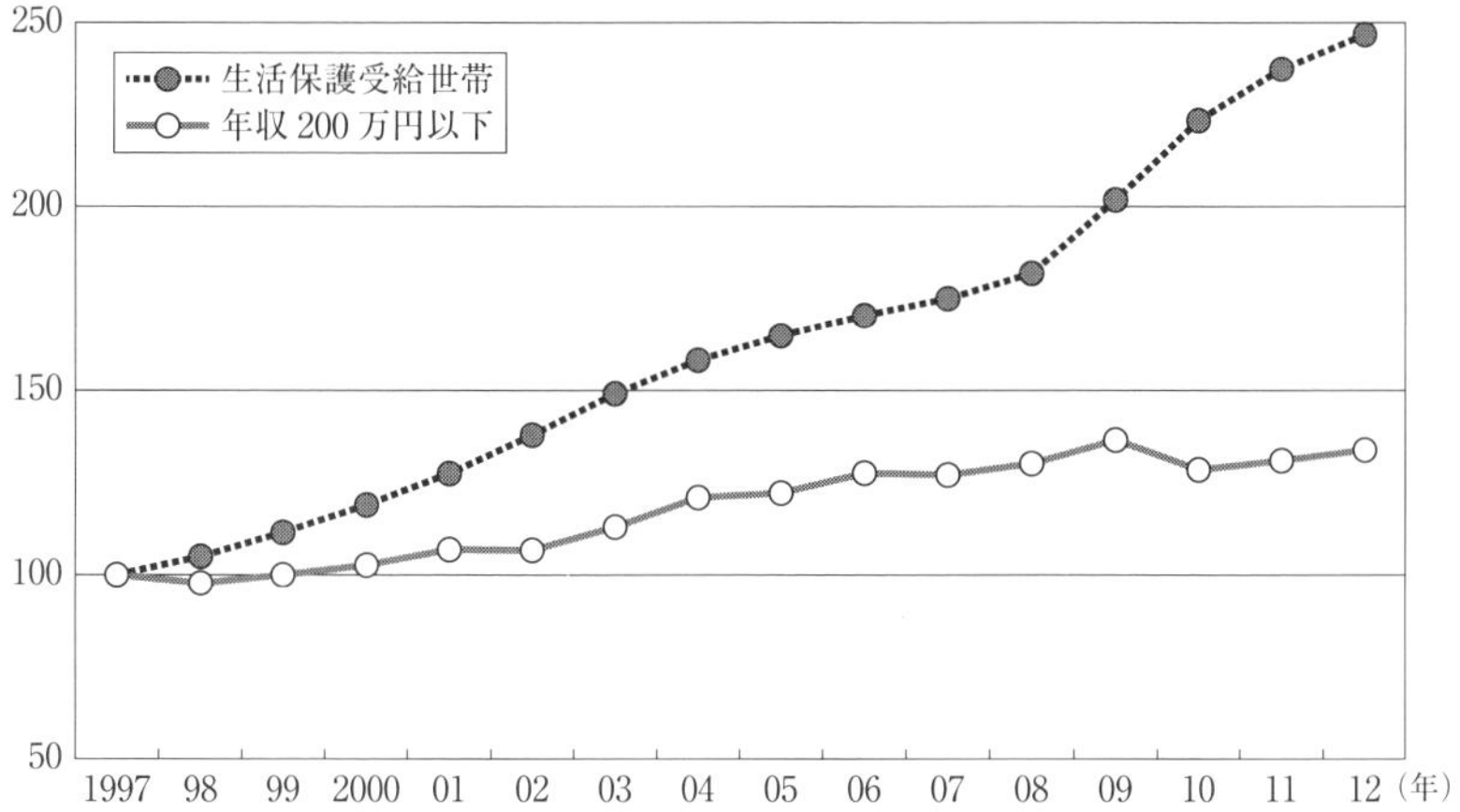

出所）年収200万円以下の割合：国税庁「民間給与実態統計調査」より作成
生活保護受給世帯数：厚生労働省「被保護者調査」より作成

富の偏在を是正するのが日本経済と暮らしを再生させるポイント

日本は世界第三位の経済力を持っています。経済力や富が足りないから経済が低迷し、生活が厳しくなっているのではありません。この二〇年間、大手企業と行政が進めてきた新自由主義的改革が富の極端な偏在を引き起こしました。

図4－1で見ましたが、一九九七年から二〇一二年の間に内部留保は二・一倍に増えています。ところが同じ期間に生活保護受給世帯数は二・五倍に増えています（**図4－4**）。一部の大企業、高額所得者に富が偏り、多くの庶民は生活苦にあえいでいます。

世界的に見ても一九九〇年代以降、国際化が急速に進んでいます。しかし同じようなことが世界中で生じているわけではありません。**図4－5**は世界主要国の賃金水準を見たものです。日本の労働者の賃

図4－5　賃金の国際比較（1997年＝100）

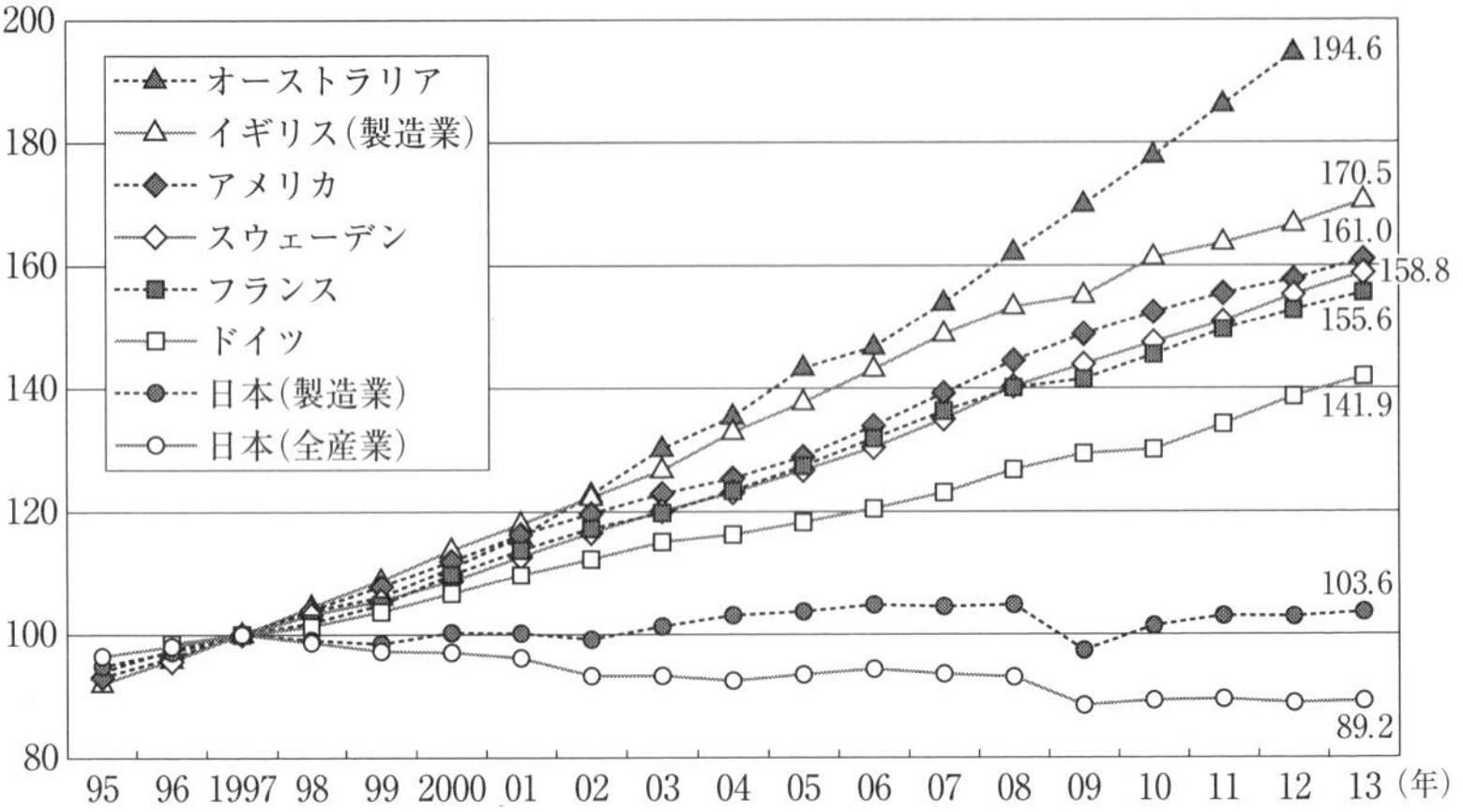

出所）「2014年国民春闘白書」全労連・労働総研編より転載

金水準だけが低下しています。給与のピークは一九九七年です。

日本には生産力や富が十分、存在しています。ところがその富が一部に偏在しているため、消費不況を引き起こし、日本経済の低迷、国民生活の破壊を引き起こしています。ここを転換できるかどうかが最大のポイントです。

たとえば、賃金のピークは一九九七年で、二〇一二年には約七％低下しています（**図4－1**）。金額に直すと毎年平均一兆二〇〇〇億円減ったことになります。同じ期間に内部留保は毎年平均一五・七兆円増えています。この増加分の七・六％を賃上げに回すだけで一九九七年の賃金水準が維持できたはずです。

大阪でも同じようなことが言えます。大阪に本社のある資本金一〇〇億円以上の上場企業は一〇八社です（二〇一三年三月）。これら企業の内部留保総額は二九兆七二二四億円です。また、これらの企業で働く正規従業員は一六四万人です。この内部留保総額の一・四％を取り崩せば、この正規従業員の給与を月額一万六〇〇〇円上げることができます（大阪労連発行、「二〇一四年国民春闘勝利！　大阪ビクトリーマップ」より）。

大手企業の内部留保を雇用の安定、賃金の拡充に回すこと。大手企業へ適切な課税を行い、社会保障、教育予算を拡充すること。大手企業と中小企業の適切な関係を築くこと。これらのことが日本経済と国民生活の再生に不可欠です。

2　維新の会が進める経済対策では大阪経済は再生できない

カジノは地域経済を疲弊させる

維新の会は、大阪都構想を掲げ、既存の制度をつぶす、そうすることで無駄をなくし、それを財源に大阪経済の活性化を進めると訴えてきました。その中心が臨海部に誘致するカジノです。

大阪府が発表した「大阪における統合型リゾート（ＩＲ）立地に向けて〜基本コンセプト案〜」によりますと、候補地は大阪市臨海部・夢洲です。カジノを中核施設とし、それ以外にホテル、レストラン、ショッピング、スポーツ施設、会議場などを整備した複合観光施設として整備する計画です。

夢洲は埋め立て地であり公共交通はありません。そのため、どのような鉄軌道を通すかの検討がすでに始まっています。インフラ整備が伴うため行政の財政負担が避けられません。

ＩＲの見本とされているシンガポールの場合、カジノの収益がＩＲ全収益の八〇％です。カジノの経済効果で重要なのは雇用効果です。カジノはお金を移動させるだけであり、関連産業への波及効果はあまり見込めません。そのためＩＲの地域経済効果で重視されているのは、どの程度の雇用が発生するかです。もう一つ重要なのはカジノの利用圏では確実に消費が減るということです。カジノで儲かるのは経営者で、全体で見ると利用者は必ず損をします。そのため、カジノで損した分、地域での消費が減ります。

カジノによる直接の経済効果は、カジノで発生する雇用効果が、消費の減少分を補えるかどうかでほぼ決まります。

大阪のカジノを対象とした経済効果の試算が発表されています。それによりますと、カジノの六〇㎞圏内に住む九一・六万人の人が、毎年四万円をカジノで使うと試算しています。夢洲から六〇㎞圏内ですと、西は姫路市、東は守山市、北は福知山市、南は有田市です。このような範囲からカジノに来ることは想定できますが、そこで住む人がカジノで雇用されることはごく稀です。そのためカジノの通勤圏外では消費が減るだけで地域経済にはマイナスしか作用しません。

カジノに近い大阪市などでは地域経済効果がプラスになるでしょうか。海外から富裕層を大量に連れてくることができ、市民が大量に雇用されれば、プラスになるかもしれません。しかし、アジアにはシンガポール、マカオがあります。また韓国にはすでにカジノがあり、今後さらに拡大する予定です。台湾もＩＲの議論を始めています。日本にカジノができれば、海外から富裕層が大挙して押し寄せて来るとは限りません。海外からの富裕層が思ったほど伸びない場合、カジノの周辺地域でも雇用効果を越える消費の減少が起こり、地域経済にはマイナスの影響が出ます。

カジノの経済効果は雇用効果が中心で限定的です。そのため、カジノに来た外国人がカジノ以外の施設で消費するように、さらに関西一円の観光地を回るようにと計画しています。しかし、日本のカジノで想定している海外の富裕層は中国人です。大半の客が中国人であるマカオの場合、日帰り客が五二％、シンガポールは二三％であり、カジノに来た人がわざわざ他の観光地を回ることはあまり考えられません。これはカジノに限らず、東京ディズニーランドなどのテーマパークでも一般的に見られます。

もちろん、カジノからの税収が期待できます。しかし、期待できるのは大阪府だけです。一方、カジノによるマイナスの影響として、ギャンブル中毒患者の発生などがあります。これはカジノで想定している利用圏一帯に広がり、その地域では行政負担が確実に増えます。ただし、大阪府でも税収以上に行政負担が増えた場合は財政的にマイナスとなります。また、カジノ誘致予算を確保するため、それ以外の予算を削減すれば、市民生活と地域経済にマイナスの影響が出ます。

カジノで確実に発生する地域経済効果は、カジノ誘致で発生する各種の建設投資です。しかしこの効果は初期投資の時期に限定され持続しません。

橋下市長は、フェスティバルゲート、オーク２００など、土地信託で大阪市は膨大な負債をつくり、市民に多大な迷惑をかけたと述べています。これはその通りです。しかしカジノはこれらの開発と比べても桁外れに大きく、「ばくち」経済対策が失敗すると、その悪影響も桁外れです。このような「ばくち」経済対策に大阪をゆだねていいのか、真剣に考えるべきです（カジノについては、鳥畑与一、「『カジノ推進法案』批判」、『経済』二〇一四年一一月号を参考にしました）。

大型公共事業で大阪経済は再生できない

維新の会が大阪都構想を進める目的は、大型公共事業や経済対策の財源、権限を大阪都に集中させることにあります。そしてその権限と財源を活用して、大阪経済の活性化を図るため、新大阪と関西空港を直結させる地下鉄なにわ筋線の新設、阪神高速道路淀川左岸線の整備、大阪駅北ヤードや森ノ宮周辺の大規模再開発などを進めようとしています。

一九九〇年代に、国、自治体の財政状況が悪化しました。その最大の理由は、景気対策で公共事業費を急増させたことにあります。しかし、膨大な公共事業費を費やしたにもかかわらず景気は回復しませんでした。また各地に道路、港湾、空港が整備されましたが、その多くは予定したほど利用されず、無駄を生み出しました。

二一世紀に入り、財政危機を背景として、公共事業費の削減が進みました。その中でも国際競争に役立つ高速道路、国際空港などは重視され、限られた予算が重点的に配分されました。しかし、一時期に比べると大型公共事業が思ったほど進まなくなっています。大阪都構想は限られた予算を大阪都に集中させ、進みにくくなっている様々な大型公共事業を強力に進めようとするものです。

公共事業をすべて否定しているのではありません。防災対策に有効な公共事業や医療・福祉・教育の拡充に必要な公共事業も存在します。そのような公共事業は計画的に進めるべきです。しかし、維新の会が進めようとしているような大型公共事業がはたして必要なのでしょうか。また、そのような大型公共事業を進めることで大阪経済が活性化するのでしょうか。

大阪には多くの鉄軌道、高速道路が整備されています。空港も関西空港、大阪空港、神戸空港と三ヶ所もあります。このようなインフラが足りていないから大阪経済が低迷しているのではありません。足りないどころか空港は明らかに供給過剰です。臨海部に造成された埋め立て地も売却が進まず、空き地のまま放置されています。渋滞はありますが、かつてに比べると減っています。今後は車が減るため、渋滞はさらに緩和されるでしょう。

新大阪と関西空港を結び、関西空港の利便性を上げようとしているのが地下鉄なにわ筋線です。維新の会が最も重視している公共事業です。しかし現在、ＪＲ特急はるかが新大阪―関西空港間を四八分で結んでいます（通勤時は一時間程度）。なにわ筋線は新大阪から梅田北ヤードを通り、なにわ筋の地下を走り、難波からＪＲ、南海に乗り入れる予定です。現在、新大阪から関西空港まで四八分です。新大阪から難波まで地下鉄御堂筋線を使うと二三分、難波から関西空港まで南海特急ラピードで三七分です。新大阪から難波までなにわ筋線を整備することで何分程度短縮するつもりかはわかりませんが、駅をほとんどつくらず、高速で運転しても既存の特急はるかと大して変わらないでしょう。

一方、新大阪―難波間には地下鉄御堂筋線が通っています。御堂筋線は御堂筋の地下を通っています。その二本西側のなにわ筋の地下に新大阪と難波をつなぐもう一つの地下鉄を整備する計画です。しかも、御堂筋となにわ筋の間にある四つ橋筋の地下には地下鉄四つ橋線がすでに通っています。これらの通りは三〇〇メートル間隔程度で南北に平行に走っています。ここまで密に鉄道を今更整備する必要があるのか、どの程度の経済効果があるのか、はなはだ疑問です。このなにわ筋線の整備には二五〇〇億円程度が想定されています。

規制緩和は大阪経済を悪化させる

維新の会は経済対策で規制緩和も重視しています。大阪市内の開発規制を緩和し、大規模な開発ができるようにしています。その典型は大阪の御堂筋で、すでに大幅な規制緩和が実施され、御堂筋沿いに巨大なビルが建てられるようになりました。規制を緩和すると、民間投資が進み、大規模な開発が実施され、経済規模が拡大するだろうという単純な発想です。

規制緩和を進めると、従前よりも大きな事務所ビルや商業施設が建ちます。確かに新しいビルには次々と店舗、消費者が集まっています。しかし、全体として事務所や商業施設が増えているわけではないため、周囲では空きビルや空き床が増えています。以前のように新たなビル建設が新たな需要を引き起こすのではなく、単に周辺からテナントや消費者を移動させているだけです。ビルを大規模にすることで、需要そのものが増える時代であれば、開発行為が経済規模の拡大につながりますが、今はそのような時代ではありません。

しかし規制緩和をしますと、周辺で新たな開発の可能性が高まるため、テナントや消費者を引き留めるため、以前からあるビルを建て替えなければならないという強迫観念が企業に働きます。地域全体の需要が増えず、まだ建て替える必要が無いビルを建て替えるのは、投資先としては無駄です。そのような資金があれば、新商品の開発、人件費の上昇などに回すべきです。ところが開発規制の緩和を進めますと、顧客離れを防ぐため、企業に無駄な投資を強いることになります。

また、「解雇規制の緩和を含む労働市場の流動化」（「維新八策」）を掲げ、労働規制の緩和を進めようとしています。維新の会は世界一ビジネスしやすい大阪を目指し、企業の集積を進めようとしています。ところが雇用規制の緩和などを進めますと、ますます労働者の雇用が不安定になり、消費不況を拡大します。大阪では国家戦略特区が指定されています。その議論では、特区内に立地した企業の法人税、地方税を軽減にするという議論もされています。このようなことを進めると企業の内部留保が増える一方で、税収が減り、社会保障に回す予算の削減がさらに進められるでしょう。そして市民の暮らしがさらに苦しくなり、不況を深刻化させます。富の偏在が消費不況と社会保障向け予算を不足させている大きな原因です。このような規制緩和は、それをさらに助長するものです。

3　雇用の安定、賃金の上昇が大阪経済再生への道筋

自治体の役割

前述したように、今の不況は生産力や富が不足しているからもたらされたのではありません。大阪には大都市に相応しい生産力、それによって生み出された富があります。しかしそれが大手企業の内部留保などに偏在しており、多くの庶民には回っていません。そのため多くの庶民は必要なものすら買いにくい状態に置かれています。このような消費不況の中で、大手企業は収益を保障するために、非正規雇用を増やし、賃金を下げ続けています。それによって大手企業は収益を確保し続けていますが、いつまでたっても消費不況が解決しません。このような富の偏在が、悪循環をもたらしており、ここを変えない限り地域経済の活性化はあり得ません。

カジノは地域の消費を奪います。そのためカジノで地域経済は活性化せず、地域経済を縮小させる場合があります。さらに市民向け予算を削減し、カジノ誘致などに使うような施策を展開すると、市民生活の困窮度はさらに高まり、消費不況が一層、深刻になります。カジノ誘致に代表される大阪都構想は、大阪経済を再生するどころか、大阪経済と府民生活、地域を破壊するものです。

そこで、大手企業の内部留保など偏在している富を、雇用の安定・賃金の向上に振り向けること。大手企業に対して適切な課税などを行い社会保障の財源を確保すること。大手企業と中小企業の関係を適切化し、中小企業の収益を確保すること。これらを通じた地域経済の発展を展望すべきであ

り、自治体がここに踏み込むかどうかに最大の政策的争点があります。

革新自治体が果たした役割

雇用の安定化、大手企業に対する適切な課税などは政府が担当するものであり、自治体には権限がないのではないかという疑問があります。社会保障の充実については自治体の権限である程度取り組めますが、抜本的な改善を図るためには国の諸制度を変えなければなりません。自治体は経済や市民生活の安定にかかわる根本課題に対応できないのでしょうか。国が変わるまで待たなければならないのでしょうか。

自治体の役割は住民の命と暮らしを支えることです。これが大手企業の行動や政府の施策で脅かされている以上、できる限りの対策を講じるべきです。

ここで一九七〇年代に革新自治体が果たした役割を思い出すべきです。当時、住民の命を脅かしていた最大の原因は公害でした。それに対して政府がとった公害規制は、経済成長との調和であり、ほとんど意味をなしませんでした。工場からの排出ガスに対し、政府は濃度で規制していました。しかしこれでは薄めれば有害なガスをほぼ無制限に放出でき、公害規制にはつながりません。それに対して東京や大阪の革新自治体は、住民の命を守るため、政府の公害行政を大きく超える総量規制に踏み込みました。総量規制にしないと有害物質の総量が規制できないからです。

公害行政は政府の役割とされていましたが、革新自治体は公害防止条例を活用し、公害規制に乗り出しました。このインパクトは大きく、市民の命を守っただけでなく、政府の公害行政見直しに発展しました。

今、国民の暮らしに大きな影響を与えているのは新自由主義的な改革です。富の極端な集中を是正し、雇用の安定と賃金の上昇を進めなければなりません。これに対して自治体は傍観するのではなく、積極的に関わるべきです。

雇用安定化基本条例の制定

市民生活を安定させ、消費不況を打開するためには、内部留保を雇用の安定と賃金の上昇につなげなければなりません。これについて自治体としてできる限りのことに取り組むため「雇用安定化基本条例（仮称）」を制定すべきです。

まず条例で自治体の持つ可能な権限を活用し雇用の安定に取り組む趣旨を宣言します。その上で、たとえば下記のような施策を積極的に進めます。

- 自治体として公契約条例を制定し、入札に参加する企業の雇用状況などを発注先企業選定に当たって考慮する。
- 最低賃金制度を活用し、最低賃金を抜本的に引き上げる。
- 企業の内部留保をはじめ富の偏在に関するデータを市民に積極的に公表する。
- 雇用などに関する市民・労働者からの相談窓口を自治体に設置する。

・社会的に問題となっているブラック企業を規制するため、ブラック企業規制条例を制定する（条例案は八七頁を参照）。
・国の労働基準監督署と協力し、既存の法律を活用してブラック企業等の規制を強化する。
また、社会保障分野で安定雇用を増やすことが重要であり、この点については後述します。

中小企業振興基本条例の発展

大手企業と中小企業は上下関係ではありません。しかし実際は取引などを通じて大手企業に利益が偏在し、中小企業の経営が苦しくなっています。市民の多くは中小企業で働いているため、雇用の安定が失われたり、賃金が下がっています。その結果、深刻な消費不況を引き起こしています。大手企業に偏在している利益を中小企業に還元すべきです。

これを実現するため、中小企業振興基本条例をさらに発展させ、企業間関係の適正化を条例の主要な内容として明記すべきです。中小企業からの相談窓口を自治体に設け、大手企業の不当な要求などについては公表し、公契約に当たっても考慮すべきです。

また、下請け二法（下請代金支払遅延等防止法、下請中小企業振興法）の適切な運用に自治体も積極的に関与すべきです。

社会保障の拡充

市民生活を支えるためには社会保障の拡充が不可欠です。特に雇用の不安定化、賃金の低下が進んでいる場合は重要です。多くの自治体はその重要性は認めるものの、財源が確保できないという理由で社会保障の充実が見送られています。ここで重要な視点は二つです。一つは、大手企業に適切な負担を求め、内部留保を社会保障の財源に充てることです。もう一つは、国際競争力強化等の名目で政策化されている不要不急の施策があれば、これらを削減し社会保障拡充の財源に充てるべきです。

まず一つ目ですが、税制の抜本的な改革を自治体が進めるのは困難であり、その実施を政府に求めるべきです。また、自治体が企業誘致目的で税の減免措置、補助金制度などを整備している場合は直ちに廃止すべきです。

二つ目ですが、大型公共事業予算や臨海部へカジノを誘致する予算などは直ちに廃止すべきです。それらの事業は地域経済の再生にはほとんど関係なく、市民生活の向上に役立つどころか有害です。それらを削減することで捻出できた財源を社会保障の拡充に充てるべきです。

社会保障が拡充できるかどうかの要は人材です。ところが社会保障分野では不安定雇用が多く、賃金も低くなっています。ここを打開しなければ社会保障の拡充が望めません。社会保障予算の拡充は安定雇用の増大、賃金の上昇に多くを充て、人材の確保、安定を重視すべきです。これは自治体の予算措置で可能であり、先に述べた「雇用安定化基本条例」との関係でも重視すべきです。

資料

ブラック企業規制条例素案

（目的）

第一条　この条例は、過重労働又は違法労働により労働者を使い潰し、又は離職に追い込む事業者（以下、「ブラック企業」という。）に対し、必要な指導及び規制を行うことにより、労働者の権利を保護し、及び心身の健全な状態の維持を図り、もって健全な労使関係の醸成を図ることを目的とする。

（不当な行為の防止）

第二条　事業者は、次の各号のいずれかに該当する事実のあるときは、これを直ちに改めなければならない。

一　労働者の採用時に労働条件について実際とは異なる不適正な表示を行うこと

二　労働者に対し、短期に達成が不可能な成果を求めることなどにより自主退職するよう不当な誘導を行うこと

三　労働基準法第36条に基づく労働者の過半数を代表する者との協定を締結せず、又は締結した協定で定めた限度時間を超えて、労働者に長時間の労働をさせること

四　職場において、職務上の地位又は人間関係における優位性を不当に利用し、かつ、業務上必要な範囲を超えて、労働者に対し精神的・身体的な苦痛を与える行為若しくは職場環境を悪化させる行為を放置し又は防止するための適切な措置を講じないこと。

（情報の公表）

第三条　事業者は、求人にあたり過去３か年間の採用者数と離職者数を表示するよう努めなければならない。

（指導及び勧告）

第四条　知事は、第2条の各号のいずれかに該当する事実のあるときは、法令に基づく措置がとられる場合を除き、当該事業者を指導することができる。

2　知事は、当該事業者が前項の指導にもかかわらず改善が見られないときは、指導に従い改善するよう勧告することができる。

（立入調査等）

第五条　知事は、第2条各号に該当する事実を確認するため必要があると認めるとき、又は前条第2項の改善状況を確認するため必要があると認めるときは、事業者に対し、必要な報告若しくは資料の提出を求め、又はその職員に事業者の事業所に立ち入り、必要な調査をさせることができる。

（公表）

第六条　知事は、事業者が次の各号のいずれかに該当する場合において、その行為について正当な理由がないと認めるときは、氏名又は名称、住所又は所在地及び行為の内容を公表することができる。

一　第4条第2項の規定による勧告に従わなかったとき

二　前条の規定による報告若しくは資料の提出をせず、又は虚偽の報告若しくは資料の提出をしたとき

三　前条の規定による職員の立ち入りを拒み、妨げ、若しくは忌避し、若しくは同条の規定による質問に対して答弁をせず、若しくは虚偽の答弁をしたとき

（聴聞）

第七条　知事は、前条の規定による公表をしようとするときは、当該公表に係る者に、あらかじめその旨を通知し、その者又はその代理人の出席を求め、釈明及び証拠の提出の機会を与えるため、意見の聴取を行わなければならない。

（契約の拒否）

第八条　知事は、第6条の公表を行った事業者に対し、公表を行った時期から6か月を経過するまでの間、大阪府を相手とする売買、貸借、請負その他の契約を締結しないことができる。
2　大阪府の出資法人は、知事が前項に定める措置を講じるとき、大阪府に準じた取扱いをするよう努めなければならない。

（相談、あっせん）
第九条　知事は、労働者から第2条各号のいずれかに該当する旨の申出があったときは、その相談に応じ、又はあっせん等により適切かつ迅速に処理されるよう努めなければならない。

（審議会）
第一〇条　知事は、ブラック企業に対する指導等を円滑に行うため、ブラック企業規制審議会を設置する。
2　審議会は、業界代表、労働者代表及び学識経験者をもって構成する。

（関係機関との連携・協力）
第一二条　知事は、労働基準監督署をはじめ国の関係機関との連携・協力に努めなければならない。

（委任）
第一三条　この条例に定めるもののほか、この条例の施行について必要な事項は規則で定める。

第5章　最終決戦・住民投票に向けて

1　維新の会は何をしてきたのか

維新の会が進めた市民サービス切り捨て、職員敵視の施策

大阪府、大阪市はこの間、市民向けサービスに関わる予算を次々と削減してきました。大阪府で廃止・削減された主な予算は、街かどデイハウス補助金、高齢者住宅改造助成、特養ホーム建設補助、千里救命救急センター補助、障害福祉作業所・小規模通所授産施設補助、学校警備員補助などです。また大阪市では、敬老パス、新婚世帯向け家賃補助、保育料軽減措置、老人憩いの家運営費助成、赤バス補助（コミュニティーバス）などが廃止、削減されました。大阪都構想が進みますと市民向けサービスの削減は不可欠ですが、それに先駆けて様々な市民向け予算を削っています。

また、維新の会は各種施設・事業の民営化、統廃合も進めてきました。最初に手がけたのは大阪府立国際児童文学館の廃止です。国際的にも評価の高かった国際児童文学館を廃止し、大阪府立中央図書館に統合させました（二〇一〇年）。また、大阪府文化振興財団が運営していたセンチュリー

交響楽団の完全民営化を進めました（二〇一一年）。さらに、大阪市立住吉市民病院の廃止を決めました（二〇一三年）。これは近くに大阪府立急性期・総合医療センターがあるため二重行政だと決めつけ廃止したものです。それ以外にも男女共同参画センター、市民交流センター、屋内プール、スポーツセンターなどを廃止、統合しました。都構想が進みますと、地下鉄、市バスなど、膨大な事業、施設が民営化、廃止される予定です。

学校の改革も進めています。二〇一二年に大阪府と大阪市で教育行政基本条例が制定されました。これは行政の教育への介入を進め、学校内では校長の権限を強め、子どもには自己責任、競争を押しつけるものです。また、大阪府、大阪市では公募で校長の採用を始め、二〇一四年から大阪市で小中学校の学校選択制を一部で導入しました。そして、大阪府では統一学力テストの結果を学校別に公開し、学校間の競争をあおり、府立高校の学区も二〇一四年から廃止しました。

歴史の見直しも進めています。大阪国際平和センターの展示見直しでは、朝鮮人の強制連行など日本の戦争責任に関わる展示を撤去しています。二〇一一年には、国旗国歌条例（「大阪府の施設における国旗の掲揚及び教職員による国歌の斉唱に関する条例」）が成立しています。これは君が代斉唱時に職員の起立斉唱を義務づけた全国初めての条例です。同様の条例が二〇一二年に大阪市で成立しています。二〇一二年には府立和泉高校で君が代斉唱の際、校長が教職員の口の動きをチェックし、口パクかどうかを監視しました。そして一名が歌っていなかったと判断し、条例に基づいて府教育委員会に報告しました。教育委員会は行きすぎと校長の行為を批判しましたが、橋下知事は校長を擁護し、反対に教育委員会を罵倒しました。ちなみにこの校長は現大阪府教育長ですが、パワハラ問題を引き起こしています。

行政内部では、知事、市長を頂点とした強権・ピラミッド体制を築いています。二〇一二年に「大阪府職員基本条例」が策定されました。この条例では、同一職務命令に三回背けばクビです。また職員を五段階に相対評価します。各区分ごとのおおよその割合も決まっており、約五％の職員を最下位に評価しなければなりません。また、労働組合を敵視し、庁舎内にあった労働組合の事務所を退去させました。これは裁判になり、二〇一四年に大阪地裁は市長らに対して、裁量権の逸脱、違法と判断し、損害賠償を命じました。大阪市は職員に対して、労働組合や政治活動への関与を問うアンケート調査を実施しました。これも裁判になり、二〇一五年に大阪地裁は、憲法一三条（プライバシー権）、二八条（団結権）に反していると判断し、慰謝料の支払いを命じました。

維新の会は新自由主義的改革を進める勢力

維新の会が進めてきた施策は、かつての小泉内閣が進めた改革、現在の安倍内閣が進める改革とうり二つです。各種の規制緩和、国際競争に役立つ大型公共事業の推進、法人に対する減税と優遇、庶民に対する負担増と社会保障費の削減、歴史の見直し、競争型教育改革。共通点が多く、異なる点を探すのが難しいぐらいです。

維新の会は大阪で新自由主義的改革を最も先鋭な形で進めようとしています。大阪都構想はそのような改革をさらに進めるために、行政機構を改革するものです。

2　維新の会が作り出した唯一の功績

都構想に絡む三つの思惑

第1章で見ましたが、橋下氏は大阪のことを考えて都構想に執着しているというよりも、都構想の実現を通じて、自らに変革者のイメージをつけたいと思っているようです。その野望を支援することで、憲法改正の援助部隊に育てようとしているのが安倍総理です。さらに都構想が実現すれば、停滞していた大型公共事業が一気に進み、さらに財界がかねてから推進していた道州制につながる可能性が高いと考え、積極的に支援しているのが大阪の財界です。これら三者の思惑が一致して都構想が暴走しています。

維新の会は都構想実現で二つのことを進めるとしています。一つは、大阪都に権限と財源を集中し、大阪経済の活性化を進めることです。この点については三者の思惑が一致し、具体的な内容が語られています。もう一つは、市民に身近な施策とその財源を特別区に集中させ、市民サービスを向上させることです。しかしこの点については、三者とも全く関心を示さず、何ら具体的な検討が進んでいません。このまま都構想に進みますと、特別区や市民サービスの分野では大混乱が起きるでしょう。

また、維新の会は地下鉄、市バス、幼稚園を始め、様々な市の施設・事業の民営化を進めています。これらは都構想と制度上は関係ありません。しかし、第４章で書きましたように、都構想を進めれば二重行政がなくなり財源が捻出できるというのは夢物語です。そのため、大型公共事業の財源を捻出するためには、民営化が不可欠であり、それがわかっているから維新の会は民営化を強硬に進めようとしています。そのため市民には、特別区設置と民営化による大混乱が必至です。

維新の会が作り出した唯一の成果

大阪で絶大な勢力を誇っていた維新の会が二〇一三年に行われた堺市長選挙で負けました。この選挙では、堺市の財源を大阪都に移すため、堺市を消滅・分割するかどうかが最大の争点になりました。

この選挙で大きな力を発揮したのは地域のことをまじめに考えていた良心的な保守層と革新層の共同です。それまでは両者が共同の歩調をとることは、あまりありませんでした。ところが、堺市長選挙では、「堺はひとつ、堺をなくすな」という旗の下に共同で様々な取り組みを進めました。

このような共同が成立したのは、維新の会が進めようとした極端な施策です。堺市は人口八〇万人、歴史的なまちであり、世界に誇れる歴史的文化を蓄積しています。このようなまちをなぜ消滅させなければならないのか。なぜ堺市の財源を大阪都に移さなければならないのか。これらについて良心的な保守層、民主的な革新層の双方から反対の声が上がり、両者の共同が成立しました。

維新の会に対して、保守層と革新層がばらばらに反対していたら、堺を守ろうという大きな世論につながらなかったかもしれません。各々が自分たちの支持層をきちんと固め、自分たちの思いを無党派層にも語りかけ、広い世論を築いたのだと思います。

大阪市内でも保守層と革新層の共同が進んでいます。大阪市は赤バス、住吉市民病院、市立高校、公立小学校など、市民生活に重大な影響を及ぼす施設、事業の廃止を次々と進めています。それに対して以前から地域の諸活動に取り組んできた市民の中から、このまま維新の会の横暴を認めていたら地域が崩壊してしまう、今まで地域の安全・安心を守ろうとしてきた市民の取り組みは一体どうなるのか、というような声が聞こえてくるようになりました。そして今まで行政が進めることに表だって反対してこなかった人々が次第に反対の声を上げだし、反対運動にまで発展しています。

このような反対運動ともともと維新の会に反対してきた革新層が合流し、大きな反対の世論を築きだしています。先に書きましたが維新の会は新自由主義的な改革を大阪で進めようとしています。このような改革を進めると地域の崩壊が進みます。その中で新自由主義的な改革から地域を守れという保守層と革新層の共同が急速に進んでいます。維新の会の唯一の功績は、大阪都構想を進めたことで、新自由主義的な地域破壊に抵抗する共同を全国に先駆けて生み出したことです。

3 「大阪都構想の強行」に賛成か反対か

各地域で共同の取り組みを進めよう

先ほど書いたように維新の会が生み出した唯一の功績は地域のことをまじめに考えている保守層

と革新層の共同を促進させたことです。このような共同を各地域で具体化し、それに依拠した取り組みを進めるべきです。住民投票は多数を制したものが勝ちます。狭い視点で運動しても多数派にはなれません。

保守的な層と革新的な層が連携しますと、多彩な層に働きかけることができます。大阪都構想に反対するという点のみで一致点を築くべきです。多少の違いはこの際、横に置くべきです。大阪市が消滅しますと細かな違いどころではなくなります。

各団体の自主的な取り組みを進めつつ各団体間の連携を強めよう

先に書いたような共同ができる地域ではそれを追求すべきです。しかし、すべての地域でそのような共同ができるとは限りません。都構想推進側は維新の会の指示の下に動くことが可能です。しかし反対側に属する様々な団体に対して、包括的な指示を出す団体はありません。そのため、共同ができるのを待つ、どこかの指示を待つ、そのような状態になると五月の住民投票まで何もせずに終わってしまいます。

そうならないように各団体が各団体の判断で様々な反対運動を展開すべきです。そして各団体が情報を交換し、どのような連携が可能かを相談すべきです。広範な市民へのアピールを意識しますと、それなりの規模の集会が必要です。各団体が独自に取り組む集会も重要ですが、連携することでさらに規模の大きな集会が可能となります。五月までの要所要所で反対派が連携した取り組みを検討すべきです。

都構想の問題点を明らかにし、都構想反対票を増やそう

都構想の問題点は本書で指摘しましたし、都構想に反対する様々な文章、書籍が出ています。それらを活用し反対の世論を少しでも広げましょう。しかし、反対する人が住民投票に出向き、反対票を投じなければなりません。「わかった。都構想に反対だ。だからこのような住民投票はボイコット、投票には行かない」。これではダメです。反対の人を増やしつつ、その人たちが反対票を投じるようにしなければなりません。

賛成票を入れる人は住民投票に積極的に行くでしょう。しかしわざわざ反対しに行くのはめんどくさい、となりがちです。第3章で見ましたが、この住民投票は低い投票率でも成立し、有効投票数の過半数で成立します。反対の人を増やす働きかけだけでなく、反対の人が投票に行くような働きかけが大切です。

都構想に対する判断を迷っている人には、反対票を投じてもらおう

都構想の反対派を増やすことが一番重要です。しかし、都構想は複雑です。各種の世論調査を見てもよくわからないという人が多くなっています。また、マスコミなども都構想の是非を問うのは時期尚早、市民の間でじっくりと議論すべきと主張しています。それはその通りです。大阪市を無

くすかどうかの判断を短期間で市民に強いるのは無理です。

そのため五月に予定されている住民投票当日になっても判断に迷う市民が少なくないでしょう。住民投票は大阪都構想の賛否を問うものと位置づけられています。もしその図式が崩せなかったら、判断に迷う市民は住民投票を棄権するでしょう。そして住民投票で賛成票が過半数をとりますと、大阪市が解体に向けて動き出します。判断に迷っている市民に、じっくり考えるだけの時間が保障されません。

維新の会は「『都構想』に賛成か反対か」を住民投票の土俵にしようとしています。そのような土俵を設定しますと都構想のことがよくわからない、都構想の是非がまだ判断できないという人は最初から土俵に上がれません。それでは維新の会の思う壺です。

都構想に賛成する人、反対する人だけで大阪市の将来を決めていいとは思えません。そもそも十分な資料が示されず、議会でも十分な議論がされていません。そのような状態で、しかも短期間で都構想の是非を判断せよというのがむちゃくちゃ、非民主的です。

今回の住民投票の最大の問題は、大阪市民にとって極めて大きな問題であるにもかかわらず、大阪市民に都構想の是非を判断する機会が保障されていないことです。そのため住民投票の土俵を、「『都構想の強行』に賛成か反対か」にすべきです。都構想を早く進めろと考えてる人は住民投票に賛成するでしょう。都構想に反対の人は反対するでしょう。まだ判断ができていない人、じっくり考えたい人は、土俵を「都構想の強行」に設定すれば反対になります。

都構想反対の運動を進めるべきです。同時に、住民投票で問うことを、「都構想」から「都構想の強行」に変えるような取り組みをすべきです。そして判断に迷っている人には棄権せず、反対票を投じるように働きかけるべきです。

都構想の是非を判断しかねている市民には、まじめな人が多いと思います。まじめであればあるほど、判断できないから棄権しようになります。まじめな人に考える時間を与えず、どさくさに紛れて大阪市を解体しようとしている進め方に大きな問題があります。そのような人には、「多くの市民がすぐに判断できないようなことを、強行しようとしている点に反対して下さい」と呼びかけましょう。

大阪自治体問題研究所は、昨年一二月に自治体研究社から「雇用・くらし・教育再生の道」を出版しました。この本を出版したのは統一地方選の争点が大阪都構想になるため、それに対する大阪自治体問題研究所の意見をまとめ、広く市民に問うためでした。ところが一二月末に公明党が住民投票賛成に転じ、状況が大きく変わりました。統一地方選挙で都構想反対の議員を増やすことは引き続き重要ですが、五月に住民投票が実施される見込みになりました。

そのような変化を踏まえ、大阪自治体問題研究所は先に出版した本の成果を踏まえ、五月の住民投票を念頭に置いた本書の出版に踏み切りました。短期間で都構想についての本を二冊出版したため、一部の内容は前書と重複しています。しかし、新たな事態の変化を書き加え、より都構想と維新の会の全体像が把握できるようにしたつもりです。前書をすでに読まれた方も、もう一度本書に目を通して下さい。

五月の住民投票が天王山になります。もし賛成票が過半数を超えますと大阪市が解体に向けて動き出します。反対票が過半数を超えますと都構想が止まるだけでなく、維新の会も終焉を迎えるでしょう。維新の会に反対する諸団体は総力戦で五月の住民投票に対応すべきです。そうすることで維新の会が引き起こした様々な問題をすべて止めることが可能です。

前書と同様、本書も自治体研究社にお願いしました。担当していただいたのは今西清さんです。ありがとうございました。

本書が大阪市の歴史と伝統を守り発展させる一助になれば幸いです。

〈編著者〉
冨田宏治　関西学院大学教授（１章）
森　裕之　立命館大学教授、大阪自治体問題研究所副理事長（２章）
梶　哲教　大阪学院大学准教授、大阪自治体問題研究所理事（３章）
中山　徹　奈良女子大学教授、大阪自治体問題研究所理事長（４章、５章）
一般社団法人　大阪自治体問題研究所

〈著　者〉
藤永延代　おおさか市民ネットワーク代表、大阪自治体問題研究所副理事長（はじめに）
牧野幸雄　京都大学大学院経済学研究科博士後期課程（４章資料）

〈連絡先〉
一般社団法人　大阪自治体問題研究所
〒530-0041 大阪市北区天神橋１丁目13-15　大阪グリーン会館５F
TEL06(6354)7220　　FAX06(6354)7228
http://www.oskjichi.or.jp/　　E-mail：oskjichi@oskjichi.or.jp

大阪市解体　それでいいのですか？——大阪都構想　批判と対案

2015年３月10日　　初版第１刷発行

編著者　冨田宏治・森　裕之
　　　　梶　哲教・中山　徹
　　　　大阪自治体問題研究所

発行者　福島　譲

発行所　㈱自治体研究社
〒162-8512 新宿区矢来町123　矢来ビル４F
TEL：03･3235･5941／FAX：03･3235･5933
http://www.jichiken.jp/
E-Mail：info@jichiken.jp

ISBN978-4-88037-632-5 C0031

表紙絵：高宮信一／表紙写真：福島明博(JPS)
デザイン：アルファ・デザイン／印刷：トップアート

自治体研究社　〒162-8512 東京都新宿区矢来町123 矢来ビル４F　TEL 03-3235-5941　FAX 03-3235-5933　http://www.jichiken.jp/　E-mail info@jichiken.jp